İSKENDER PALA

1958, Uşak doğumlu. İstanbul Üniversitesi Edebiyat Fakültesi'ni bitirdi (1979). Divan edebiyatı dalında doktor (1983), doçent (1993) ve profesör (1998) oldu. Divan edebiyatının halk kitlelerince yeniden sevilip anlaşılabilmesi için klasik şiirden ilham alan makaleler, denemeler, hikâyeler ve gazete yazıları yazdı. Seminerleri ve konferansları geniş kitleler tarafından takip edildi ve "Divan Şiirini Sevdiren Adam" olarak anıldı. Bazı çalışmalarıyla Türkiye Yazarlar Birliği Dil Ödülü'nü (1989), AKDTYK Türk Dil Kurumu Ödülü'nü (1990), Türkiye Yazarlar Birliği İnceleme Ödülü'nü (1996) aldı. Hemşehrileri tarafından "Uşak Halk Kahramanı" seçildi. *Babil'de Ölüm İstanbul'da Aşk, Katre-i Matem, Şah&Sultan, OD, Efsane, Mihmandar, Karun ve Anarşist* ile *Abum Rabum* adlı romanlarının baskıları yüz binlere ulaştı, ödüller aldı ve yabancı dillere çevrildi. Türk Patent Enstitüsü tarafından marka ödülüyle taltif edilip adı tescillendi. 2013 yılı Cumhurbaşkanlığı Büyük Ödülü'ne edebiyat dalında layık görüldü. *Bülbülün Kırk Şarkısı* adlı kitabını ömrünün en güzel çabası sayan İskender Pala evli ve üç çocuk babası olup İstanbul Kültür Üniversitesi öğretim üyesidir.

www.iskenderpala.com
www.iskenderpala.net

İki Dirhem Bir Çekirdek

İskender Pala

Kapı Yayınları 28
İskender Pala Bütün Eserleri 21

İki Dirhem Bir Çekirdek
İskender Pala

1-5. Basım: 2000-2002, BKY Yayınları
6-11. Basım: 2002-2004, L&M Yayınları
12-199. Basım: 2004-Eylül 2019, Kapı Yayınları
200. Özel Basım: Ekim 2019
201-205. Basım: Ekim 2019
206-210. Basım: Aralık 2019

ISBN: 978-975-8950-37-9
Sertifika No: 43949

Kapak Tasarımı: Utku Lomlu

Kapı Yayınları
Ticarethane Sokak No: 15 Cağaloğlu/İstanbul
Tel: (212) 513 34 20-21 Faks: (212) 512 33 76
e-posta: bilgi@kapiyayinlari.com
www.kapiyayinlari.com

Baskı ve Cilt
Melisa Matbaacılık
Matbaa Sertifika No: 45099
Çiftehavuzlar Yolu Acar Sanayi Sitesi No: 8 Bayrampaşa/İstanbul
Tel: (212) 674 97 23 Faks: (212) 674 97 29

Genel Dağıtım
Alfa Basım Yayım Dağıtım San. ve Tic. Ltd. Şti.
Ticarethane Sokak No: 15 Cağaloğlu/İstanbul
Tel: (212) 511 53 03 Faks: (212) 519 33 00

Kapı Yayınları, Alfa Yayın Grubu'nun tescilli markasıdır.

İÇİNDEKİLER

SUNUŞ

Anlatımı güzelleştirmek, savunulan fikir ve düşünceyi daha etkili kılmak üzere her dilde kalıplaşmış bazı sözler bulunur. Atasözleri, dua ve temenni cümlecikleri, sövgü ve ilençler, bilmece ve tekerlemeler vb... Bu tür kalıplaşmış sözler arasında, dilin bünyesinde en sık rastlanılanlar ise deyimlerdir.

İki ya da daha fazla kelimeden meydana gelen ve kelimelerin öz anlamları dışında bir anlam ifade eden söz gruplarına deyim denir. Eskiler buna tabir derlerdi. Dilin bünyesinde kalıplaşmış ve kökleşmiş olarak değişmeden kullanılan deyimler, hiç şüphe yok ki anlatıma canlılık ve güç katarlar. Bu sayede düşüncelerin ve olayların muhataba daha etkili biçimde yansıtıldığı bir gerçektir.

Deyimler, atasözleri gibi her durumda kesin doğru olmayabilir ve genel kural niteliği taşımaz; bunun yerine yalnızca özel bir durum karşısında doğru kabul edilir ve öylece kullanılırlar.

Nitekim kurallı bir cümle niteliği gösteren deyimler de vardır ve bunlar atasözlerine benzese de anlatımda deyim görevi yaparlar. "Et tırnaktan ayrılmaz" dediğimizde her durumda kesin bir doğruyu anlatmış oluruz; bu bir atasözüdür. Oysa "et tırnak olmak" dersek bazı durumlar için geçerli olan bir deyimi ifade ederiz. "Atı alan Üsküdar'ı geçti" dediğimiz vakit özel bir durumu, "Garip kuşun yuvasını Allah yapar" dediğimiz vakit de genel bir doğruyu anlatmış oluruz. Elinizdeki çalışmada yer alıp da atasözü gibi görünen deyimler bu türdendir.

Atasözleri, genellikle, uzun zamanların tecrübeleri sonucu ulaşılan doğruların veciz ifadesidir; oysa deyimler, genellikle bir öyküye, bir efsane veya vak'aya dayanır. Bazı kişilerle ilgili anılar ve hikâyeler, tarihten alınmış olaylar vs. deyimlerin ortaya çıkış nedenleri arasında ön sıraları paylaşırlar. Bu bakımdan deyimlerin kaynaklarını arayıp bulmak, oldukça meşakkatli bir iştir. Osmanlı tarihleri, eski ansiklopedik eserler, tarih sözlükleri, tezkireler, letayifnameler, durub-ı emsal ve tarihî fıkra derlemeleri, muhtelif elyazması kitap ve mecmualar, bilimsel araştırmalar, folklor periyodikleri, halk kültürü araştırmaları vs. hep deyimleri perakende biçimde bulabileceğimiz eserlerdir. Bazan rastgele bir sayfada, bazan bir dip notta, bazan da hiç ummadığınız bir el yazması sayfasında bir deyimin ortaya çıkış hikâyesiyle karşılaşmak mümkündür.

Yıllardır, deyimlerin hikâyelerini buldukça topluyordum. Sonra bunları *Zaman* gazetesindeki sütunumda peyderpey yazdım. Okuyucularımdan bu konuda çok sayıda mektup ve takdir aldığımı iftiharla söylemeliyim. Hemen hepsi, bu hikâyeleri topluca bulabilecekleri bir kaynak soruyorlardı. Biz, bu konuda iki kitaptan daha yararlandık. Bunlardan biri Osman Çizmeciler'e (*Ünlü Deyimler ve Öyküleri*), diğeri de Yusuf Ziya Bahadınlı'ya (*Deyimlerimiz ve Kaynakları*) aitti. Her iki çalışma da maalesef bugün artık kitapçı vitrinlerinde yer almamaktadır. Okuyucuya ilginç gelen bu tür hikâyelerin topluca bulunabileceği bir kaynak ihtiyacıdır ki, elinizdeki kitabın oluşmasına vesile oldu. Çalışmamızın asıl önemli yanı ise Osmanlı harfli kaynaklarda rastlayıp derlediğimiz deyimleri de ihtiva etmesidir.

Böylece toplam 99 adet deyimin hikâyesine ulaştık. Bunları bir kitapta toplama cesaretini okuyucularımızın takdir ve teşviklerinden, gerekli yardımı da öğrencilerim A. Demir, A. Şenyurt ve E. Eroğlu'ndan aldık.

Deyimlerimizin ortaya çıkış hikâyelerini bilmek, konuşurken bize ne kazandırır bilmem; ama dilimizin kültüre yansıyan yüzüne bir renk katacağı kesindir. Umarız, bu konuda daha geniş araştırma yapacaklar için bu küçük kitap, bir başlangıç olur.

1
ABAYI YAKMAK

Aba, dövme yünden değişik kalınlıklarda yapılan bir tür kumaşın adı olup genellikle beyaz renkte imal edilir. Siyah renklisine ise kebe denir.

Bu cins kumaşın kullanıldığı pek çok yer olmakla beraber, aba denilince genellikle dervişlerin giydiği hırka anlaşılır. Vücudun tamamını örtecek kadar geniş ve uzun, yakasız ve yensiz dikilen abanın özelliği, düğmesiz olup kuşak ile kullanılmasıdır.

Abanın tekke mensupları ve tasavvuf ehli olanlar yanında diğer insanlar tarafından da kullanılan bir giyecek olması, aba hakkında dilimize pek çok deyim ve atasözü kazandırmıştır.

Abalı: Fakir, kimsesiz.

Abacı: (Mecazen) Hazıra konmayı seven, bedavacı.

Abası kırk yerinden yamalı: Yırtık pırtık giyecek kadar fakir.

Alaca abalı: Hırkası yamalıklarla dolu olacak kadar fakir.

Abaya bürünmek: Tasavvuf yoluna girmek.

Kaba (kebe) yerine aba giymek: Tasavvuf yoluna girmek.

Başını abaya çekmek: (Mecazen) Ölmek.

Aba da bir kaba da bir giyene (Güzel de bir çirkin de bir sevene): İnandığı şey adına her şeyi hoş gören; ince eleyip sık dokumayan, meşrebince yaşamak için başkalarının ayıplamalarını hiçe sayan.

Aba vakti yaba; yaba vakti aba (olmaz): Her işe uygun bir araç veya yol yordam mevcuttur. (Yaba, harmanda ekin savurmaya yarayan dört çatallı tırmık çeşidi olup aba giymiş bir insan tarafından kullanılması zordur. Bunun birinci sebebi, harman mevsiminin çok sıcak olması; ikincisi de yaba sallarken abaya dolaşmasıdır. Buradan yola çıkarak atasözünden mecazen, ibadet zamanı ibadet; iş zamanı iş anlayışı çıkartılabilir.)

Abanın kadri yağmurda bilinir: Aba insanı yağmurdan koruduğu gibi abaya bürünen insanlar da belâ yağmurlarından korunur (muş diye rivayet olunuyor!).

Aba yeninden yıldız gösterir: Maddî zenginlik veya manevî kudret ile dileyeni muradına erdirecek kudrete sahip kişileri anlatır.

Bir abam var atarım; nerde olsa yatarım: Gezginci dervişlerin hâlini anlatan bu söz, taşa toprağa, oduna tahtaya, çula çaputa ehemmiyet vermeyen kişilere özgü anlayışın ifadesi olup gönül zenginliğini anlatır.

Zeyl: Aba ile alâkalı olarak üç deyim daha kaldı. Tam da zamanımızı anlatıyorlar: Birincisini "Vur abalıya!" diye kullanıyorlar. İkincisine "Aba altından sopa göstermek" diyorlar ki derviş geçinme iddiasında iken dervişliğe yakışmayan işler yapmaktan kinaye olarak "çok masum gibi görünüp de zorbalığa soyunma"yı karşılıyor. Diğeri de üçüncü kişiler için kullanılan "Abacı kebeci; bu neci (Abacı kebeci, sen neci?)" sözüdür. Sanırız, bunu izaha hacet yoktur. Şimdi gelelim abayı yakmaya:

Bu deyim mecazen "birisine âşık olmak, tutulmak, gönül vermek" gibi anlamlar ihtiva eder. Dervişler arasında birilerinin aşkının büyüklüğünden bahsedilecekse eskiden, "Ooo! Abası hayli yanıktır!" gibi ifadeler kullanılırmış.

Eski tekkelerin mimarî kompleksi içinde bir mescit (veya cami), ortada şadırvanı olan bir avlu ve avluyu çevreleyen derviş hücreleri, büyükçe bir dershane, mutfak, kiler, ambar vs. bulunduğu bilinmektedir. Bilhassa kış aylarında dershanenin ocağı harlı ateşle yakılarak dervişanın burada toplanmaları sağlanır; böylece hem iktisat yapılır, hem de uzun saatler mürşitten istifade ortamı oluşturulurdu.

İşte böyle bir kış gecesinde, yün abalarına bürünmüş dervişler dershanede halka olup şeyh efendiyi dinlemeye başlamışlar. Efendi hazretleri, coştukça anlatmış; anlattıkça coşturmuş ve dervişler kendilerinden geçecek derecelere gelmişler. Bu sırada, ocağa sırtı dönük dervişlerden birisinin abasına ateş sıçrayıp dumanı tütmeye başlamışsa da dervişin sıcaklığı hissettiği yok!.. İçindeki ateş, dışındakinin sıcağını bastırmış durumda. "Pir aşkına Yâr aşkına (Allah aşkına)!" yanmaya devam ediyor. Nihayet şeyh efendi, dumanı fark edip bu müridini ikaz ile yanmaktan kurtarıyor ve arkadaşları arasında mahcup olmasın diye onu diğerlerine "gerçek Hak âşıkı" olarak tanıtıyor. Şimdi argo lisanda kullanılan "abayı yakmak" deyimi, işte o hadisenin yadigârıdır.

2
ADIN DEFTERE GEÇTİ!..

Dilimizde, hak etmediği hâlde bir makamın yetkilerini kullanarak üst perdeden konuşan, yahut önemsiz bir başarısı üzerine "bir yumurta bin bir gıdgıdak" ortalığı velveleye verenler hakkında söylenen bir deyim vardır: Anır eşeğim anır, adın deftere geçti. Deyimin ilginç bir hikâyesi var. Osman Çizmeciler'in *Ünlü Deyimler ve Öyküleri* (İstanbul 1989) adlı çalışmasından naklen (s. 20) anlatalım:

> Tarihimizdeki ilk istatistik Tanzimat yıllarında yapılmış. Ancak o yıllarda, sayımın ve sayılmanın faydasını anlamayan insanlara istatistiği izah etmek çok zor olduğundan, yetkililer düşünüp taşınmışlar ve yumuşak geçiş için öncelikle köylerde bir hayvan sayımı yapmayı uygun bulmuşlar.
>
> Köylünün biri, sayım bittikten, memurlar gittikten sonra

ahırdaki eşeğinin durmadan anırdığını görmüş. Adam sabahtan beri bir işe yaramadan yalnızca semiren eşeğine bakmış bakmış ve sayım sebebiyle yapamadığı işlerinin, boşa geçen gününün acısıyla çıkışmış:

— Anır eşeğim anır... Adın deftere geçti!..

3
AFYONU PATLAMAK

Eski tiryakiler, ramazanda afyonu macun hâline getirir ve mercimek büyüklüğünde toplar yapıp her sahurda iki üç tane yutarlarmış. Ancak her bir macunu sırasıyla bir, iki, üç kat kâğıtlara sarmayı da ihmal etmezlermiş. Böylece kâğıt, mide öz suyunda eriyince macun midede dağılır ve birkaç saatliğine keyif devam edermiş. Tabiî iki kat kâğıda sarılan macun, birkaç saat sonra, üç kat kâğıda sarılı macun da onu takiben kana karışınca tiryaki iftara kadar rahat etmiş oluverir. Ancak bu plânın yolunda gitmediği, afyonun kâğıdının zor parelendiği yahut kana karışması geciktiği durumlarda tiryaki krizlere girer ve dış dünyadan âdeta kopar. Afyonu patlayıp kana karışasıya kadar farklı tepkiler verir.

Konuşulan veya yapılan şeye uygun karşılık verilmeyen, anlama ve algılamada geciken durumlarda "Daha afyonu patlamadı galiba!" gibi cümleler söylenmesi bundandır.

4
AĞZ(IN)A TÜKÜRMEK

Argo sözler arasında "Ağzına tükürdüğümün..." veya "(Ben onun) ağzına tükürürüm.!" gibi kullanımlara rastlamışsınızdır. Terbiyesi elvermeyenler için ağır küfürler yerine kullanılan ağza tükürmenin aslı birtakım hurafelere dayanır.

Eskiden sıtma, ateşli hastalıklar, ellerde çıkan siğiller, aklî dengesini yitiren kişiler vs. için birtakım cahil hocalara gidilip nefes ettirilirdi. Tıbbın gelişmediği ve din istismarının alıp yürüdüğü zamanlardan kalan bu alışkanlık hâlâ, binlerce saf insanın, akın akın falcıların, cinci hocaların veya sözde ermişlerin kapısında birikmesine sebep olmaktadır. Eskiden hastalara nefes eden kişiler hiç olmazsa birkaç dua ile içinde "şifa" sözü geçen ayetleri okurlar ve Kur'an'ın şifa olmasından medet umarak kendilerince bir kâğıda ayetler, tılsımlar, rakamlar, şekiller vs. yazar, bunları üçgen biçiminde kıvırıp muska diye hastalara verirlermiş. Şimdiki muskaların içinde ne yazılı olduğunu hocanın kendisi bile bilmemektedir.

Muska ve nefesin tarihine bakıldığında tâ Keldanilere kadar bu tür istismarların olageldiği görülmektedir. Gök bilimleriyle yakından ilgilenen Mezopotamya toplumu Keldanilerin, falcılıkla geleceği öğrenmeye çalışmak gibi, hastalıkları da ilâçlar yerine tılsımlar ile tedavi etme yöntemleri var imiş. İslâmiyetin bunu menetmiş olmasına rağmen kolay geçim yolu arayan birtakım cahil hocalar, bu tür tedavi yollarında mahir olduklarını söyleyerek yine kendileri gibi cahil ve üstelik de çaresiz insanları istismar etmiş, güya onlara şifa dağıtmışlardır. İşte bu tür hocaların muska yazabilmeleri ve okuyarak nefes edebilmeleri için bir üstattan(!) el almaları* yani sembolik olarak "Tu tu tuu!" diyerek ağızlarına tükürtmeleri gerekir. Böylece ağzına tükürülen kişi, tükürenin yetkilerini kullanabilir, onun halifesi veya vekili gibi icraatta bulunabilir. Bu, bir tür icazetname ve mezuniyettir ki artık o kişinin de okuduğu hastayı iyileştirebileceği, yahut muskalarının şifa olacağına inanılır. Tabiî bunun karşılığında ağza tükürene dünyalık bir şeyler de takdim edilmesi gelenektendir.

Bebek yahut küçük çocukların, manevî itibarına ve ermişliğine inanılan kişilere götürülerek ağızlarına tükürtülmesi ve ardından da ileride o kişi gibi ulu bir zat olmaları için dua istenmesi yakın zamanlara kadar geçerli olan Anadolu âdetlerinden biriydi. Eski tekkelerin eşikleri, bu sebeple çok aşınmış olsa gerektir.

Bütün bunlardan anlaşılan o ki argodaki ağzına tükürmek deyiminde, bir üstünlük mücadelesi vardır. Birisinin ağzına tükürdüğünü veya tükürmek istediğini "ağzına tükürdüğüm" veya "ağ-

---

* El almak deyimi tasavvufta herhangi bir mürşide intisab etmeyi karşılar. Tarikata ait bir töreyi yapmak, bir etkinlikte bulunmak ve hastalığa okumak için izin almaya "el almak"; bunun karşılığına da "el vermek" denir. El veren kişi kendisi de bir mürşidden el aldığı için bu silsilenin ta Hz. Peygamber'e kadar uzandığına inanılır ve hatta bazı hastalıklara okuyan, kurşun döken, tılsım yapan yaşlı kadınlar "Tuu, tuu, tuuuu; el benim elim değil Fatma anamızın elleri" diyerek hasta üzerine (çocukların da ağzına) tükürürler.

zına tüküreyim" gibi basmakalıp deyimlerle ifade eden kişi, söz konusu meselede ağzına tükürülenden daha usta olduğunu veya olabileceğini ima etmeye çalışmakta, "Bu konuda ben onun ağzına tükürürüm!" diyerek de bir nevi tehdit savurmaktadır.

Ağza tükürmenin yalnızca hasta okumağa özgü bir gelenek olmadığını şu hikâyeden de anlamak mümkündür:

Vaktiyle, saçma sapan şiirler yazan bir şair, Molla Camî'nin meclisinde,

— Üstat, demiş, dün gece rüyamda şiirler yazıyordum ki Hızır aleyhisselâmı gördüm. Mübarek ağzının tükürüğünden bir parça benim ağzıma tühledi.

Molla Camî, adamın, şiirlerinde keramet sezilmesi için böyle söylediğini ve güya Hızır'ın feyiz verici nefesine mazhar olduğuna dair yalancı şöhret peşinde koştuğunu anlayıp cevabı yapıştırmış:

— Be ahmak, öyle değil! Bence Hızır aleyhisselâm bu şiirleri senin yazdığını görünce yüzüne tükürmek istemiş, ama o sırada ağzın açık olduğundan, tükürük suratına geleceği yerde ağzına girmiş!..

5
AĞZINDAN BAKLAYI ÇIKARMAK

Türkçede bakla ile alâkalı iki deyim vardır. Her ikisinde de illiyet, kurutulmuş baklanın zor ıslanması ve zor yumuşamasıyla ilgilidir. Kurutulmuş baklanın ağza alındığında ıslanıp yumuşaması uzun bir süreyi ilzam eder. Sır saklama ve dilini tutma konusunda kendisine itimat edilemeyen kişiler için "Ağzında bakla ıslanmaz" deyiminin kullanılması bu yüzdendir. Yani duyduğu bir sırrı hemen başkasına anlatır, demlenesiye kadar yahut bir baklanın ıslanacağı müddet kadar olsun beklemez demeye gelir.

Baklayla ilgili diğer deyim, baklayı ağzından çıkarmaktır. Deyim, içimizden geçtiği hâlde mekân ve zaman müsait olmadığı için nezaket veya siyaseten söyle(ye)mediğimiz şeyler için birisinin bizi ikazı zımnında "Çıkar ağzından (dilinin altından) baklayı" demesine işarettir. Deyimin hikâyesi şöyle:

Vaktiyle, çok küfürbaz bir adam yaşarmış. Zamanla, kendisine yakıştırılan küfürbazlık şöhretine tahammül edemez olmuş. Soluğu bir tekkede almış ve durumu tekkenin şeyhine anlatıp sırf bu huyundan vazgeçmek için dervişliğe soyunmaya geldiğini söylemiş. Şeyh efendi bakmış, adamın niyeti halis, geri çevirmek olmaz, matbahtan bir avuç bakla tanesi getirtmiş. Bunlara okuyup üfledikten sonra yeni dervişe dönüp tembih etmiş:

— Şimdi bu bakla tanelerini al. Birini dilinin altına, diğerlerini cebine koy. Konuşmak istediğin vakit bakla diline takılacak, sen de küfretme isteğini hatırlayıp o anda söyleyeceğin küfürden vazgeçeceksin. Bakla ağzında ıslanıp da erimeye başlayacak olursa, cebinden çıkardığın yeni bir baklayı dilinin altına yerleştirirsin.

Adamcık, şeyhinin dediği gibi tekkede kalıp kendini kontrol etmeye başlar. Bu arada şeyh efendi de bir yere gidince, onu yanından ayırmamaktadır. Yağmurlu bir günde şeyh ile derviş bir sokaktan geçerlerken bir evin penceresi hızla açılır ve gençten bir kız çocuğu başını uzatarak,

— Şeyh efendi, biraz durur musun, deyip pencereyi kapatır. Şeyh efendi söyleneni yapar, illa yağmur sicim gibi yağmaktadır. Sığınacak bir saçak altı da yoktur. Üstelik niçin durdurulduğunu henüz bilmemektedir ve kız da pencereden kaybolmuştur. Bir ara evin kapısına varıp kızın ne istediğini sormak geçer içinden ve tam kapıya yöneleceği sırada kız tekrar pencerede görünür ve,

— Şeyh efendi, der, birkaç dakika daha bekleseniz...

Şeyh içinden "Lâ havle" çekse de denileni yapmamak tarikat adabına mugayir olduğundan biraz daha beklemeyi göze alır. O sırada, küfürbaz derviş kendi kendine söylenmeye başlamıştır. Yağmurun şiddeti gittikçe artmakta, bizimkiler de iliklerine kadar ıslanmaktadırlar. Nihayet pencere üçüncü kez açılır ve kız seslenir:

— Gidebilirsiniz artık!..

Şeyh efendi merak eder ve sorar:

— İyi de evlâdım, bir şey yok ise bizi niçin beklettin?

— Efendim, der kız, elbette bir şey var, sizi sebepsiz bekletmiş değiliz. Tavuklarımızı kuluçkaya yatırıyorduk. Yumurtaları tavuğun altına koyarken bir kavuklunun tepesine bakılırsa, piliçler de tepeli olur, horoz çıkarmış. Annem sizi geçerken gördü de yumurtaları kuluçkaya koydu.

Münasebetsizliğin bu derecesi üzerine şeyh efendi,

— Ulan derviş, der, çıkar ağzından baklayı!..

6
AHFEŞ'İN KEÇİSİ

Ahfeş, Arap gramerinin en büyük âlimlerinden üç ayrı kişinin adıdır: Ebül-Hasan Sait b. Mesade, Ebül-Hattab Abdülhamit ve Ali b. Süleyman. Bunların her üçü de yaptıkları çalışmalarıyla Arapçaya büyük hizmetlerde bulunmuşlar, ancak içlerinden birinin adı, bu çalışmalarından dolayı değil; çalışma sisteminden dolayı ibretle anılagelmiştir.

Ahfeş kelimesi, aslında tropikal iklimlerde görülen bir tür göz hastalığının adıdır. Güneşe ve ışığa aşırı duyarlılık sebebiyle ortaya çıkan bu hastalığa yakalananlar gözlerini kısarak bakmak zorunda kalırlar, bu da ciltlerinde bozulmalara sebep olurmuş. Ahfeşlerin gözleri küçük olup geceleyin gündüzden, bulutlu havada da gün ışığından daha iyi görürlermiş. Söz konusu dilci de bu illetten mustarip olduğundan Ahfeş lâkabıyla tanınmış ve asırlar içerisinde artık adı yerine yalnızca lâkabı kullanılmıştır.

Ahfeş, yaşadığı muhit itibarıyla dil konusunda verdiği dersleri dinlemeye istekli kimse bulamaz; sayıları birkaçı geçmeyen öğrencileri de sık sık derslere devamsızlık ederlermiş. Böyle durumlarda Ahfeş hem öğretmenliğin hakkını vermek, hem devletten aldığı parayı hak etmek, hem de bilimsel araştırmalarını ilerletmek için öğrencisiz sınıfta dersini anlatmaya devam eder, kesinlikle vazifesini aksatmazmış. Ancak sınıfta bir muhatap olursa, ders takririnin daha zevkli geçeceğini düşünüp keçisinin boynuna bir ip geçirerek, bir öğrenci gibi kendisiyle beraber derslere getirmeye başlamış. Dersini anlatıyor, gerekli yerlerde "Anladın mıı?" diyerek keçinin yularını çekiyormuş. Keçi, yuları çekildikçe mecburen başını öne eğiyor, Ahfeş de bunu tasdik manasına alıp bir sonraki bahse geçiyormuş. Ahfeş ile keçisi arasındaki bu hoca-öğrenci ilişkisi o kadar uzun sürmüş ki, sonunda keçi Ahfeş'in "Anladın mıı?" manasına gelen hitabını duyar duymaz, ipinin çekilmesine gerek kalmadan şartlı refleks ile başını sallamaya başlamış.

Ahfeş, yıllarca derslerine böyle devam etmiş ve dilin inceliklerini öğrenecek insan bulamayınca keçisine öğretmeyi bir görev şuuru saymış. Ama ne yazık ki keçisi asla konuşamamış.

Şimdilerde Ahfeş'in keçileri, yavaş yavaş hecelemeyi söktüler. Ama ne yazık ki hâlâ "Tabiî efendim, haklısınız üstadım, doğru söylüyorsun azizim, baş üstüne müdürüm..." demekten öte geçemediler.

"Ahfeş'in keçisi gibi başını sallayan"ların bu bapta gösterdikleri ilerleme ise şartlı refleks olmaktan çıkıp iradî refleks hâlini aldı. Buna da zamanımızda, "Salla başını, al maaşını!" diyorlar.

7
ALİ CENGİZ OYUNU

Hile ile iş yapanların dalaverelerine ve akla gelmeyecek tuzaklarına Ali Cengiz oyunu denir. "Filânca falancaya bir Ali Cengiz oyunu oynadı ki..." diye başlayan cümlelerin arkasında şeytanın bile aklına gelmeyecek hileler, düzenbazlıklar anlatılır. Bu deyimin menşei eski bir halk hikâyesine dayanır:

Nâkılân-ı âsâr ve râviyân-ı şeker-güftâr şu gûna rivayet ve bu yolla hikâyet ederler ki; eski zamanda bir sehhar adam gayb ilimleriyle uğraşarak istediği şekle girebilmenin tılsımını keşfetmiş. Cifr, remil, falcılık, yıldız ve kıyafet ilimlerine de vâkıf olan bu adam, sihirbazlıkta o derece ileri gitmiş ki canını eğlendirmek ve halka marifetini göstermek üzere sık sık şekil değiştirmeye ve insanları hayrette bırakan oyunlar çıkarmaya başlamış. Hatta bu oyunu menfaatleri için kullanmakta ve halkı aldatmakta da üstüne yokmuş. Söz gelimi hanımına, "Bahçede bir keçimiz var, pazara götürüp satıver." der, sonra da bahçeye gidip keçi kılığına girer, hanımı kendisini sattıktan sonra yine insan olup eve dönermiş.

Bu sihirbaz adamın bir huyu da isteyen herkese sihrini öğretmekmiş. Ne var ki marifetini her kime öğretse, sonra ona bir oyun yaparak mat eder, öldürürmüş. Meselâ oyunu öğrenen kişi kanarya olsa, sihirbaz bir atmaca olup onu avlar; öğrenen ağaç olsa, sihirbaz ateş olur onu yakarmış. Devrin padişahı, bu gidişata dur demek isteyince, tellallar çığırtıp bu düzenbazı kendi huzurunda mat edene kızını vermeyi vadetmiş. Herkes bu tehlikeli sınavdan kaçarken Ali Cengiz adında fakir bir derviş, bu işe talip olmuş.

Ali Cengiz, sihirbazdan oyunu öğrenmek üzere kurs almaya başlamış. Ne var ki sureta ahmak gibi davranıp asla öğrendiğini göstermiyormuş. Böylece sihirbaz, Ali Cengiz'i kolay lokma olarak görüp oyunu en ince ayrıntısına kadar anlatmaktan çekinmemiş.

Sınav, padişahın cuma selâmlığından sonra yapılacakmış. Ali Cengiz, bir koç kılığına girip meydana gelmiş. Sihirbaz, derhal bir kurt olmuş. Ali Cengiz su olup kurdu boğmak isteyince, sihirbaz kendini ateşe çevirmiş. Bir müddet ikisi de kılıktan kılığa girmişler. Sonunda Ali Cengiz bir çiçek olup padişahın kucağına düşmüş. Sihirbaz bir eşek arısı olup üzerine konmuş. Ali Cengiz derhâl darı olup yere yayılmış. Sihirbaz hemen tavuk kılığına girmiş ve darıları toplamaya başlamış. O, darıları yiyedursun Ali Cengiz arkadan bir tilki olup tavuğu boğmuş.

Sihirbazın cenazesinin def(n)edildiği gün, Ali Cengiz ile padişahın kızının kırk gün kırk gece sürecek düğünleri başlamış. Ne var ki Ali Cengiz'in sol elinden iki parmağı eksikmiş artık. Yine de onlar ermiş muradına, biz çıkalım kerevetine.

Not: Ali Cengiz kelimelerinin "âl-i Cengiz (Cengiz soyu)" çağrışımından yola çıkarak bu deyimin Anadolu'daki Moğol istilâsıyla da bir alâkası bulunduğunu söylemek mümkündür.

8
ALİ KIRAN BAŞ KESEN

Külhanbeyi ağzında "Ali kıran baş kesen" diye bir deyim vardır. Bıçkın ve acımasız serseriler hakkında kullanılır. Bu deyim aslında "Dal kıran baş keser" atasözünden galattır.

Atalarımızın, insanları ağaç ve bitki sevgisine teşvik için dal kıranın baş kesmiş kadar suçlu olduğunu belirtmeleri, eskiden beri Türk-İslâm töresinde ağaç ve bitki hukukunun derinliğini gösterir. Fatih'e atfedilen "Ormanlarımdan bir dal kesenin başını keserim." sözü de bu anlayışın tezahürüdür. Ne ki, bizler "Dal kıran baş keser." sözünü "Ali kıran baş kesen" yapıp Anadolu'yu ağaçsız, bitkisiz bırakmışız. Doğu ve Güneydoğu'da bir tek yaprak olmaksızın uzayıp giden bozkırlar, bir millî ayıp değil de nedir? Devleti bir kalem geçelim, peki, bölge insanının ağaç sevgisi bu kadar mı azalmıştır?!.. Eğer öyle ise elbette "Dalı kıran başı keser." sözü "Ali kıran baş kesen"e dönüşmekte gecikmeyecektir. Çare, belki de bu sözü "Dalı kıranın başı kesilir" şekline dönüştürmekten geçiyor. Ağaç dikmek geleneğini yitireli çok olmuş; bari ağaç katlinin önüne geçilebilse!..

9
ALKIŞ OKUMAK (ALKIŞ TUTMAK)

Alkış kelimesinin sözlüklerdeki anlamı "Bir şeyin beğenildiğini, hoşa gittiğini anlatmak için el çırpmak ya da o yolda sözler söylemek"tir. Annemizin ak sütü kadar Türkçe olan bu kelime, kargış (beddua) kelimesinin zıt anlamlısıdır. Ancak eski lügatlar 'alkış tutmak' ile 'alkış okuma'yı daima birbirlerinden ayırmışlardır. Bize göre alkış tutmak, afacan bir çocuğun klas bir hareketini el çırparak övmek ise, alkış okumak da bir sanatçıyı 'Yaşa, var ol!' sözleriyle onurlandırmaktır.

Tarihî manasıyla alkış, "Padişahlar ile vezirler hakkında, halk tarafından hep bir ağızdan söylenen dua sözleri"dir. Eskiden bayram merasimlerinde, cuma selâmlıklarında ve muhtelif kutlamalarda bu tür temenniler sıkça duyulur imiş.

Vaktiyle okunan alkışlardan bazıları şu türde sözler ihtiva eder:

Padişahım çok yaşa! (Bu alkışta 'sen' kelimesi yer almamakta ve baktığımız tarihî kaynaklar da alkışın 'Padişahım sen çok yaşa!' şeklini zikretmemektedirler. İfadenin bu tür kullanımı yanlıştır.

Ömr ü devletinle bin yaşa!

Aleyke avnillah (Allah yardımcın olsun)!

Uğrun açık; ikbalin füzun olsun!

Devletinle bin yaşa!

Maşallah!

Gururlanma padişahım senden büyük Allah var!

El çırparak yapılan alkışlar da tıpkı okunan alkışlar kadar övgü anlamında, olumlu mana ihtiva eder. Bu durumda bir kişi yahut olayı protesto için alkış tutmak; yahut bir cenazeyi alkış ile uğurlamak gibi banal uygulamalardan istihzalı bir mana anlaşılmak gerekir. Hani, protesto edilen kişiye "Tebrik ederiz, pek doğru yaptın!" yahut ölene "İyi ki öldün de kurtuldun (veya kurtulduk)!" der gibi!..

10
ALTI KAVAL ÜSTÜ ŞEŞHANE

Parçaları birbirine benzemeyen ve uygun olmayan, dolayısıyla bir işe yaramayan aparatlar hakkında veya giyim kuşam konusunda birbirine uymayan ve yakışmayan kıyafetler için altı kaval üstü şeşhane deyimini kullanırız. Buradaki şeşhane kelimesinin İstanbul'da bir semt adı olan Şişhane ile herhangi bir alâkası yoktur ve Şişhane söylenişi yanlıştır. Çünkü şeşhane diye namlusunda altı adet yiv bulunan tüfek ve toplara denir. Yivler, mermiye bir ivme kazandırdığı için ateşli silâhların gelişmesinde önemli bir yere sahiptir. Evvelce kaval gibi içi düz bir boru biçiminde imal edilen namlular, yiv ve set tertibatının icadıyla birlikte fazla kullanılmaz olmuş ve gerek topçuluk, gerekse tüfek, tabanca, vs. ateşli silâhlarda yivli namlular tercih edilmiştir. Merminin kendi ekseni etrafında dönmesini ve dolayısıyla daha uzağa gitmesini sağlayan yivler bir namluda genellikle altı adet olup münhani (spiral) şeklinde namlu içini dolanırlar. Altı adet yiv demek, namlunun da altı bölüme (şeş hane = altı dilim) ayrılması demektir ki halk dilinde şeşane (şişane değil) şeklinde kullanılır.

Bu izahtan sonra üstü kaval, altı şeşhane biçiminde bir silâh olmayacağını söylemeyi zait addediyoruz. Çünkü kaval topların attığı gülle ile şeşhanelerden atılan mermi farklıdır. Keza kaval tüfekler ile fişek atılırken şeşhane namlulu tabancalardan kurşun atılır. Bu durumda bir silâh namlusunun yarısına kadar kaval, sonra şeşhane olması da mümkün değildir. Ancak yine de vaktiyle bir avcının, yivlerin icadından sonra çifte (çift namlulu) tüfeğinin kaval tipi namlularının üst kısımlarını teknolojiye uydurmak için şeşhane yivli namlu ile takviye ettiğine dair bir hikâye anlatılır. Hatta bu uydurma tüfek öyle acayip ve gülünç bir görünüm almış ki diğer avcılar uzunca müddet kendisiyle alay etmişler ve "Altı kaval üstü şeşhane / Bu ne biçim tüfek böyle" diyerek kafiyelendirmişler. O günden sonra, halk arasında bu hadiseye telmihen birbirine zıt durumlar için altı kaval üstü şeşhane demek yaygınlaşmış ve giderek deyimleşerek dilimize yerleşmiştir.

11
ALTINDAN ÇAPANOĞLU ÇIKAR

Tarihimizde Çapanoğlu lâkabıyla anılan bir sülâle vardır. Yozgat şehrini kuran Ahmet Paşa, bu sülâlenin ilk tanınmış kişisi olup 1764 yılında Sivas valisi iken önce azledilmiş, ardından da idam ettirilmiştir. Ahmet Paşa'nın büyük oğlu Mustafa Bey ve ardından da küçük oğlu Süleyman Bey, vali olurlar. Süleyman Bey, bu sülâlenin şöhretini afaka salmış bireyidir. Yozgat şehrini bayındır hâle getiren ve Osmanlı hükûmet boşluğundan istifade ile Amasya, Ankara, Elazığ, Kayseri, Maraş, Niğde ve Tarsus'u içine alan bir hükûmet kurup adını Celalîler listesinin serlevhasına yazdıran odur. Süleyman Bey zamanında sadece halk arasında değil; devlet kademelerinde de Çapanoğlu adı, korku ve çekingenlikle anılmaya başlar.

İşte o dönemde devlet memurlarından biri, verilecek bir yolsuzluk kararını kovuşturmak üzere müfettiş tayin olunur. Araştırmaları ona, Çapanoğulları'ndan birkaç kişinin de yolsuzluklarda parmağı olduğunu gösterir. Çapanoğlu Süleyman Bey'in nüfuzundan çekinen memur, durumu yakın bir arkadaşına anlatıp fikrini ister. Aldığı cevap şöyledir:

— Bu işi fazla kurcalama; altından Çapanoğlu çıkarsa başın belâda demektir!..

Müfettiş ne yapsın; soruşturmalarını yarıda bırakıp yuvarlak cümleler ile sonucu ilgili mercilere bildirir.

Çapanoğlu Süleyman Bey yaşadığı zamanda, takvimler 1700'lü yılların sonuna yaklaşmaktaydı. Şimdi 2000'li yıllardayız ve bir yerlerde yolları daima bir Çapanoğlu kesmiş oluyor.

12
ARAFAT'TA SOYUNMUŞ HACIYA DÖNMEK

Arafat, Mekke-i Mükerreme'ye yaya olarak altı saatlik mesafede bir dağdır. Haccın şartlarından biri de bu dağa çıkıp dua etmektir. Hacı adaylarının ehrama büründükleri yer de burası olup hac müddetince bedenlerinde dünya nimetlerinden hiçbir şey bulundurmamaları, sadece dikişsiz iki parça bez ile örtünmeleri gerekir. Bu hareket hacı adayının, temsilî olarak dünyayı geride bıraktığının (terk-i dünya) göstergesidir. Dolayısıyla "Arafat'ta soyunmuş hacıya dönmek" sözü varını yoğunu birdenbire yitiren yahut bir vesile ile terk ederek yoksullaşan kişilerin durumunu anlatmak üzere söylenir.

Deyimdeki "soyunmuş" kelimesini "soyulmuş" diye söylemek yanlıştır. Öyle ya, Arafat'ta hırsızın ne işi olabilir?!.. Dünya kurumadı ya!..

13
ASLINA HUUU... NESLİNE HUUU!..

Vaktizamanında bir hükümdar, vezirlerine şöyle bir emir vermiş:

— Tebaamdan bana Hızır Aleyhisselâm'ı bulup getirecek bir kul var mıdır, araştırılsın!..

O günden tezi yok; memleketin dört bir yanına tellâllar çıkartılmış. Ancak kimsenin bu işe cesaret ettiği yok! Meğer, devlet elinin erişmediği uzaklarda bir yerde pek yoksul bir ihtiyar yaşarmış. Adamcık uzun uzun düşündükten sonra "Eğer bazı şartlar öne sürerek bu işe talip olursam ahir-i ömrümde birkaç zaman olsun bolluk ve refah yüzü görürüm. Hükümdarın, tebaası olarak bizi arayıp sorduğu mu var? Hem ola ki talih yaver gider." deyip sarayın yolunu tutmuş.

Hükümdar, ihtiyara kırk gün süre tanıyıp her türlü isteğinin yerine getirilmesini ferman buyurmuş. İhtiyar o kırk günde kendisi gibi ne kadar fakir fukara varsa doyurmuş, yardımda bulunmuş. Kırkıncı gün sarayın adamları kapıya dayanmışlar ve "Buyur efendi, gidiyoruz!" demişler. Zavallı ihtiyar, sayılı günün çok çabuk geçtiğini bilerek emre rıza göstermiş. Yolda yanlarına bir fakir derviş takılmış ve,

— Ben de sizinle geleyim ve sarayı bir kez olsun göreyim, demiş. İhtiyar buna da rıza gösterip huzura varmışlar.

Hükümdar ihtiyara bakmış; o hükümdara bakmış. Ortada ne Hızır var, ne mazeret. Adamcık durumu anlatacakken hükümdar ateş püskürür vaziyette en büyük vezirine sormuş:

— Efendi, söyle, bu densize ne ceza verelim?

— Hünkârım, bu adamı kırk katırın kuyruğuna bağlayıp sürütelim.

— Aslına huuu... Nesline huuu!..*
diye bir ses duyulmuş ihtiyarın yanına takılıp gelen fakir dervişten. Sultan sesini çıkarmamış ve ortanca vezirine sormuş:

— Söyle bre bu herife ne yapalım?

— Bu herifi keşkek edip leşini köpeklere yedirelim.

— Aslına huuu... Nesline huuu!.. demiş yine fakir. Padişah ona sert sert bakmış. Sonra aynı suali küçük vezire sormuş. Cevap:

— Yüce sultanım. Bu zavallı ihtiyar zaten ömrünün sonuna yaklaşmış. Yoksulluk ve devletin ilgisizliği yüzünden bir yalana tevessül etmiş. Kaldı ki aldığı her kuruşu fakir fukaraya dağıtmış. Affetmek büyüklük alâmetidir. Büyüklüğünüzü gösterip bağışlayıveriniz.

— Aslına huuu... Nesline huuu!..
demiş yine derviş. Padişah öfkeyle sesin geldiği yana dönerek kükremiş:

---

* Bizce bu sözün manası "Aslını da Allah'a havale ettim, neslini de!" olmalıdır. Böyle bir temenni iyiler için dua; kötüler için beddua makamında olacaktır.

— Bre sen kim olasın ve niçin hep aynı şeyi söyleyip durmaktasın? Padişah huzurunda edep böyle mi olur?

Derviş hükümdarı saygıyla selamlâmış ve söze başlamış:

— Haşmetlü hünkârım! Senin büyük vezirinin babası katırcı idi, onun için ihtiyarı katırlara sürütmek istedi. Ortanca vezirinin babası keşkek dükkânı işletirdi. Etin artığını da köpeklere atardı. O da babasının yaptığını uygun gördü bu ihtiyara. Şu küçük vezirine gelince. O asil bir vezir ailesinden gelmektedir ve vicdanı bu ihtiyara devlet himayesiyle mücazat etmesini gerektiriyor. Babasından da öyle görmüştü zira. Hepsinin sözleri, asıllarını ve fiillerini göstermekte. Ben de o sebepten "Aslına huuu; nesline huuu!" diyorum.

Padişahın merakı artmış. Hayretler içinde, bu fakirin bütün bunları nereden bildiğini merak ederek sormuş:

— Peki, derviş sen kimsin?

— Ya sen, bugün kimi bekliyordun hünkârım?

Sonra da önce küçük veziri, ardından kendini işaret ederek,

— İşte vezir; işte Hızır!...
deyip ortadan kayboluvermiş.

14
ATEŞ PAHASI

Vaktiyle Osmanlı hükümdarlarından biri maiyetiyle avlanmaya çıkmış. Bir ceylânın peşinden koşarken, vakit bir hayli ilerlemiş ve gün batmaya yüz tutmuş. Bu sırada gök kararmış, ortalığı şiddetli bir rüzgâr ve ardından da savruntulu bir yağmur bastırmış. Hünkâr ve adamları, en yakın kulübeye kendilerini zor atmışlar. Meğer sığındıkları kulübe odunculuk yapan bir garibe aitmiş. Adamcık onları içeri almış. Sultan her ne kadar adamı tedirgin etmemek için kim olduklarını söylememiş ise de oduncu durumu kavramış ve ocağa büyük odunlar atıp kulübeyi iyice ısıtmış. Dışarıda hem ıslanıp hem üşüyen padişah ve adamları bu durumdan pek memnun kalmışlar ve geceyi orada rahatça geçirmişler. Hatta bir ara hünkâr,

— Doğrusu şu ateş bin altın eder, diye söylenmiş.

Ertesi gün yola çıkacakları vakit, padişah oduncuya sormuş:

— Efendi! Bizi ihya ettin, harlı ateşin sayesinde geceyi pek rahat geçirdik. Söyle bakalım borcumuz ne kadar?

Oduncu, fırsatı değerlendirmenin zamanıdır deyip rayici yüksek tutmuş:

— Bin altın beyzadem!

Vekilharç hemen atılmış:

— Ne masraf ettin ki bin altın istersin bre densiz?

— Sabaha kadar ateşi aynı kıvamda tuttum. Böyle dağ başında bu ateş az bulunur.

— Ama ateş bu denli pahalı mıdır?

O sırada padişah vekilharcına dönüp:

— Ağa, demiş, ateş iyiydi, şimdi pahasını verin!

Oduncunun bu tavrı halk arasında şüyu bulunca, değerinin üstünde fiyat biçilen şeyler hakkında "ateş pahası" denilmeye başlanmış ve giderek deyimleşmiş. Umulana göre çok pahalı bulunan fiyatlar hakkında bugün dahi "ateş pahası" denir.

15
ATI ALAN ÜSKÜDAR'I GEÇTİ

Bolu Beyi'ne baş kaldıran ünlü eşkıya Köroğlu (şair Köroğlu ile karıştırılmasın) bir gün atını çaldırmış. Asil bir hayvan olan atını aramak için tebdil-i kıyafet ile diyar diyar dolaşmış ve sonunda yolu İstanbul'a düşmüş. Atını, satılmak üzere pazara getirilen hayvanlar arasında görünce, hemen alıcı rolüne bürünüp:

— Efendi, demiş, bu at güzele benziyor. Ancak binip bir denemek istiyorum. Satıcı, onu tanımadığı için binmesine izin vermiş. At, üzerine binen eski sahibini tanıyıp dörtnala koşmaya başlamış. Köroğlu, Sirkeci sahiline gelip bol para vererek bir sal kiralamış ve ver elini Üsküdar. Bu arada at cambazı, aldatıldığından dolayı kıvranır dururmuş. Köroğlu'nu atıyla birlikte bir sal üzerinde gören cambazın dostlarından biri, onu teselli için seslenmiş:

— Üzülmeyi bırak! Atı alan Üsküdar'ı geçti. O adam Köroğlu'nun kendisi idi.

Bugün bu sözü, "İş işten geçti" manasında kullanırız.

16
AVUCUNU YALAMAK

Umduğumuz bir nimet ele girmediği zamanlarda söylenilen bu deyim, eskiden kadınlar arasında yaygın iken bilâhare çıkış noktası unutulup erkekler tarafından da kullanılır olmuştur. Eskiden hamile kadınların aş erme (aş yermek) dönemleri ile bebekli hanımların süt dönemlerinde canları çekip de ulaşamadıkları bir şey olursa, göğüslerinin şişeceği veya sütlerinin kesileceğine dair bir inanış mevcutmuş. Fakirlik, yasaklama, sıhhî gerekler vs. yönünden bir şeyi canı çektiği hâlde ondan tadamayan bir kadın, sanki onu tadıyormuşçasına sağ avucunun içini yalar ve böylece nefsini köreltir, istediği nimeti yediğini farz edermiş. Aynı uygulamanın çocuklara yönelik bir versiyonu da imrendikleri yiyecekten onlara bir tadımlık da olsa ikram etmektir. Eğer ikram edilmezse çocuğun bir yerlerinin şişeceği söylenir ki bu ifade, galiba kadınların göğüs şişmesi ile aynı olsa gerektir.

17
BAĞDAT GİBİ DİYAR OLMAZ

Dilimizdeki "Ana gibi yâr, Bağdat gibi diyar olmaz." sözünün aslı muhtemelen "Ane gibi yar; Bağdat gibi diyar olmaz." şeklindedir. Çünkü sözün aslındaki Ane kelimesi, Bağdat yakınlarındaki sarp bir uçurumun kuşattığı dik bir geçidin adıdır. Bağdat gibi (güzel) şehir, Ane gibi de (sarp, ama manzaralı) yar (uçurum) olmaz, demeye gelir. Ancak siz Bağdat'ın Osmanlı Türkü için önemine bakınız ki oradaki Ane'yi anne yapıvermiş. Tıpkı "Yanlış hesap Bağdat'tan döner." sözüyle Bağdat'ın eskiden beri bir ilim merkezi olduğunun altının çizilmesi gibi.

18
BALTA ASMAK

Yakın zamanlara kadar halk arasında balta asmak (balta olmak) deyimi, "kaba kuvvet ile haksız kazanç elde etmek, zorbalık ile haraç almak" gibi anlamlarda kullanılmıştır. Bir kişiyi korkutarak yapılacak işten pay almak, ahlakî ve ekonomik yapının bozulduğu dönemlerde ortaya çıkan sosyal hastalıkların başında gelir. Bugün çetelerin yaptığı işi, Osmanlı'nın bozulma dönemlerinde yeniçeriler yapmış ve bunun için de balta asmayı âdet hâline getirmişler. Bu deyim de tarihin acı hatıraları arasında böylece yer almış ve adı unutularak uygulaması bugüne kadar yaşamıştır.

Osmanlı Devleti'nde işler çığrından çıkmaya başlayınca, bozulma bütün kurumlara sıçramıştı. Yeniçeriler bu sırada pastanın büyük dilimi peşinde akla hayale gelmeyecek suiistimaller yapmaktan ve 18. yüzyıla doğru âdeta bir şehir eşkıyası olarak yaşamaktan geri durmadılar. Öyle ki artık hukuk devleti hak getire!.. Üstelik hak ve hukuku da kendi kafalarına göre yorumlayan ve onlara arka çıkan devletlûlar, bürokratlar, askerler var iken... Haraç almayı kazanılmış hak gibi gören ve bunun için her fırsatı değerlendiren zorbaya karşı, gücünü yitirmiş devlet ne yapsın?!. Zorbalık o derece ileri gitti ki İstanbul'da nerede paralı iş varsa, yeniçeriler bir yolunu bulup müdahil oluyorlar ve sahibini haraca kesiyorlardı. Söz gelimi bir yerde inşaat mı başlamış, hemen gidip daha yeni yükselen duvara, kendi mensup oldukları orta işaretini taşıyan bir tahta çakıyorlardı. Bunun anlamı, "Artık bu bina bizim korumamızdadır ve kimseden zarar erişmesine müsaade edilmeyecektir." idi. Sanki, o binaya zarar eriştirmek isteyen varmış gibi... Maksat, bina sahibinden zaman zaman haraç almaktır. Eğer vermez ise ilk zarar, bir kundaklama operasyonuyla şüphesiz yine aynı yeniçerilerden gelir. Zenginlerden birinin kızı veya oğlu evlense, hemen gidilir, gelini taşıyacak atın üzengisine orta işareti taşıyan bir plaka asılır ve düğün sahibinden para sızdırılırdı. Eğer vermeyecek olurlarsa o düğünün gerçekleşmesi biraz zor görünürdü. Derlerdi ki "Gelin ata bindi; ya nasip..." Düğün sahibi, isterse haraç vermesin.

Yeniçeriler arasındaki şehir eşkıyalığı giderek o raddeye gelmişti ki eskiden orta (bölük) adına iş gören sergerdeler ortalarını da unutup kendi şahsî çıkarları için iş görmeye başladılar. Orta işareti asmak yerine bu sefer balta asmayı yeğlediler. Herhangi bir yere balta asan yeniçeri mensubu, haracı da tek başına götürmeye başladı. Satılacak binalar ile gayri menkuller, pazara getirilen mallar ile işletme ve üretim müesseseleri, bu tür grupların baltalarıyla peylendi. Bunun en yoğun uygulaması da İstanbul limanlarına gelen ticaret gemilerinde yaşanıyordu. Ne zaman limandan bir gemi girse, bir zorba yeniçeri gider geminin babafingosuna bir balta asardı.

Artık, gemideki tacirlerin alım satımından ve yüklemelerden elde edilecek gelirin belli bir yüzdesi bu yeniçerinindir. Gemilere balta asma geleneği o derece ileri gitti ki İstanbul'un deniz ticaretini olumsuz etkileyen bir hareket olarak sonunda tarihe de geçti.

Sultan III. Mustafa'nın şu dörtlüğü tam da balta asılan yılları anlatır:

Yıkılıptır şu cihân sanma ki bizde düzele
Devleti çerh-i deni verdi kamu mübtezele
Şimdi Ebvâb-ı Saâdet'te gezen hep hezele
İşimiz kaldı hemân merhamet-i Lem-Yezel'e

Cihan çoktandır yıkılıp gitmede; sanma ki bizde düzelir.
Alçak felek, devleti baştan başa aşağılıklar eline düşürdü.
Şimdi artık İstanbul kapılarını dolaşanlar, hep ayak takımı.
İşimiz, Allah'ın merhametine kaldı vesselâm!..

19
BALIK KAVAĞA ÇIKINCA

Son Posta gazetesinin 25 Mayıs 1940 tarihli nüshasında "Hindistan'da balıklar kavağa çıkmaya başladı" şeklinde bir haber vardır ve altında şu bilgi mevcuttur:

"Hindistan'da ve Hindiçini'de Anabas adında çok garip bir balık vardır. Bu balık, sudan dışarı çıkıp yüz metreye yakın yürüyebilmektedir. Bu yolu otuz dakikada almaktadır. Bu balıkların güçlü kuvvetli olanları, ağaçlara da tırmanmaktadır."

Bu haber, besbelli ki şimdiki asparagasçıların babaları tarafından yazılmıştır. Haberin tek okunabilirlik gerekçesi de dilimizdeki "balık kavağa çıkınca" deyimi olsa gerektir.

Kavak ağacı, sulak yerlerde hızla yetişen ve kerestesinden istifade edilen bir ağaç olduğu için bizim coğrafyamızda daima var olagelmiştir. Bugün, Anadolu'da kavak kelimesiyle türetilmiş yer isimlerini (Aynalıkavak, Kavaklar, Uzun Kavak vs.) sıralamak bile uzunca bir liste yayımlamayı gerektirir. Türkülerimizde, edebiyatımızda (servi yerine), folklorumuzda kavak sembolizmine sıkça rastlanmaktadır. Dilimizde, gereği yapılamayacak vaatleri anlatmak, güya onların icra zamanını bildirmek üzere "balık kavağa çıkınca..." denir. Güya, balığın kavak ağacına çıkması nasıl imkânsız ise, bu tür vaatlerin gerçekleşmesinin de öyle imkânsız olduğu anlatılmaktadır. Oysa, bu deyimdeki kavak sözünün kavak ağacıyla bir alâkası yoktur. Burada anılan kavak, İstanbul'da bulunan Kavak semtleridir.

İstanbul Boğazı'nın Karadeniz'e açılan noktasında iki yerleşim alanı vardır. Bunlardan Asya'dakine Anadolu Kavağı, Avrupa'dakine de Rumeli Kavağı denilmektedir. Kavaklar, çok rüzgârlı* ve akıntılı olduğu için burada balık avlamak imkânsız gibidir. Hatta bu bölgede balık da fazla eğleşmez ve burada balık tutulup karaya çıkarılamaz.

Tahminimiz o ki bu deyim İstanbul civarında türetilmiş; ama git gide diğer şehirlere de yayılınca İstanbul'daki bu semtleri bilmeyenler tarafından Kavak adı, kavak ağacı gibi anlaşılmış ve 'balık Kavak'a çıkınca' deyimi de kavak ağacıyla ilişkilendirilmiştir. Çünkü deyimin anlamı her iki okunuşa da uygundur. Mamafih, ağaca bir metre kadar tırmanabilen bir balık cinsinin olduğu ve bunların, suları çekilen bataklıklardaki kavaklara tırmandıkları da bilinmektedir.

---

* Yine deyimlerimiz arasında bulunan "Başında Kavak yelleri esiyor" benzetmesinde de söz konusu kavak yeli Kavaklar'da esen şiddetli rüzgârdır ki kontrol altına alınamayan, bildiğince de hareket etmekten dolayı bir işe yaramayan düşüncelerin sahipleri için; yani delikanlılık coşkunluğunun aykırılığını anlatmak üzere kullanılır.

20
BAM TELİNE BASMAK

Bam (bem), kelime olarak evin üstü, çatı demektir. Türkçede dam olarak kullanılır. Bir musiki terimi olarak kullanılan bam telinin orijinal telâffuzu "bem teli"dir. Bem, aslında kanun, tambur gibi sazlara takılan tel demektir. Bem (veya bam), sakalın dudağa en yakın olan kalın teline de denir. Telli sazların en üstünde bulunduğu ve kalın ses verdiği için bu tele musikide "bam teli" denilmiştir. Bunun karşıtı zir (alt) olup o da en ince teli karşılar (zir ü bem = alt ve üst, ince ve kalın teller).

Eskiler, en yüksek perdeden nağme çıkaran bam telinin sesini, bağıran, öfke ile sesini yükselten kişilerin köpürmelerine benzetmişler ve bunun adını "(Birinin) bam teline basmak (veya dokunmak)" diye koymuşlar. Eğer birisini aşırı derecede kızdıracak bir sözü kasten söylüyorsanız, karşınızdakinin bam teline bastığınızdan hiç şüpheniz olmasın. Çünkü o da bam telinden ses verecek, hışım ile kubbeleri çınlatacaktır.

21
BEL BAĞLAMAK

Birisine güvenmek, bir işe ümit bağlamak yerinde kullanılan bel bağlamak, dilimize tarikat ritüelleriyle yansımış bir deyimdir. Sufîler, bir tarikata girmek ve ikrar vermek anlamında bel bağlamak derler. Fütüvvet ehli, kendi halkalarına dahil olanlara şet (yünden dokunmuş kemer) kuşatagelmişlerdir. Mevlevîlik'te buna elifî nemet (keçeden dokunmuş uzunca kuşak), Bektaşîlik'te de tiğ-bent denilir. Bir kişi tarikata girince beline bağlanan bu kuşak, dervişin, artık o yolun bütün yasaklarını kabul ettiği, bütün emirlerini yerine getireceği anlamına gelir ve bu husus da kuşak kuşatma merasiminde kendisine telkin olunurdu.

Hayat tarzında köklü değişiklikleri öngören bel bağlamak, insana bir tür kurtuluş ve güven hissi telkin eder; böylece bel bağlayan kişi de huzur bulurdu. Bugün deyim, daha ziyade olumsuz anlamıyla "Sana bel bağlamıştım, bu işe bel bağladım, ona bel bağlanmaz, böyle bir işe bel bağlamak doğru değildir" gibi kullanımlarıyla yaşar. Tarikatların gittikçe yozlaştığı dönemlerin hatırasını taşıyan deyimin giderek tasavvufî anlamı unutulmuş, dilimizde güvensizlik anlamıyla yaşamaya devam etmiştir.

22
BULGURLU'YA GELİN GİTMEK

İngilizce'de "Why all this unnecessary fuss (Bu gereksiz acele niye)?" diye bir deyim vardır. Bunun Türkçe karşılığı "Bulgurlu'ya gelin mi gidecek?" şeklinde ifade olunur.

Bulgurlu, İstanbul'un Anadolu yakasında Küçük Çamlıca Tepesi'nin (Eski adı Bulgurlu Dağı'dır) Marmara'ya bakan yamaçlarında, İstanbul'un güzelliğini en müstesna biçimde gözler önüne seren bir yerleşim bölgesidir. Şimdi tamamen beton yığını olan bölge, 1950'lere kadar henüz bir köy olup ahşap ve bahçeli evleri, havadar mekânı, abıhayat-misal suları ile lâ-teşbih cennet gibi bir sayfiye yurdu imiş. Yavuz Sultan Selim devrinde burası, Ömer Seyfettin'in *İncili Kaftan* hikâyesindeki Muhsin Çelebi'nin çiftliği imiş.

Bulgurlu adının, burada yapılan bir savaştan sonra padişaha hadisenin "Düşmanla bulgur gibi kaynaşma oldu." diye anlatılması üzerine verildiği sanılmaktadır. 17. asırda Sultan Ahmet'in (I.) mürşidi Aziz Mahmut Hüdaî hazretlerinin burada bir çilehanesi ve tekkesi olduğu ve bir ziyaret esnasında padişahın gözle görülebilen araziyi işaretle "Şeyhim burayı kabul buyur" dediği, onun da kabul ederek her bir karışını köy halkına vakfettiği rivayetler arasındadır.

Semtin, ağaçlarını, çiçeklerini, meyvelerini, sularını vs. diğer hurda teferruatını anlatmayı Haluk Dursun dostumuza bırakarak, biz Bulgurlu'ya gelin götürme bahsine gelelim.

Bulgurlu köyünün en eski âdetlerinden birini, her yıl bahar mevsiminde burada yapılan şenlikler oluştururmuş. Bu şenlikler dolayısıyla köyün çayırlarında güreşler tertip edilir, bu güreşleri seyretmek için İstanbul'un her semtinden kilimlerle, kurdelelerle süslü öküz arabalarıyla akın akın insan gelir, bunlardan pek çoğu, sayfiye olarak yaz boyunca burada evler kiralarlar ve İstanbul manzarasına doyarlarmış. Aynı şenlikler esnasında, Hüdaî çilehanesi yanında İstanbul'daki bütün Arap bacılar (Afrikalı halayıklar, hizmetkârlar vb.) toplanıp memleketlerindeki usulden eğlenirler, Aziz Mahmut Hüdaî'ye adaklarda bulunurlar imiş.

Bulgurlu'nun dillere destan bir özelliği de düğünlerinin dokuz gün dokuz gece sürmesi ve oğlan analarının, gelinlerine öz kızları gibi muamele etmeleridir.

İmdi, güzel suları içip temiz havaları teneffüs ederek büyüyen kara yağız pehlivanların yetiştiği bir köyden şöyle boylu poslu, tığ gibi, el ayak biçimli, levent-endam bir delikanlının helâli olmanın, çevre köylerdeki gelinlik kızların hayallerini süslediği bir vakıadır. Buna dokuz gün süren peri masalı düğünlerinin sultanı olmak, kaynana yerine kendisini el üstünde tutacak bir kayınvalide edinmek gibi avantajlar da ilâve olununca, görücüsü gelmiş, nişanı takılmış bir kızın gelin olmak için acele etmesi tabiî oluverir. Hani ya araya bir münafık girip nişan bozuluverirse diye korku da çekiliyorsa; artık çeyizin tamamlanmasıymış, harman zamanının beklenmesiymiş, kimin umurunda?!.. Ateş bacayı sarmış, acele ve telâş, gözü kör etmiştir. Bu durumda genç kıza İstanbul ağzı deyimiyle "Bu ne acele, Bulgurlu'ya gelin mi gideceksin?" denilse "Evet!" cevabının alınması mukarrerdir.

Bulgurlu hakkında daha geniş bilgi Reşat Ekrem'in *İstanbul Ansiklopedisi*'ndeki Bulgurlu maddesinde mevcuttur.

23
BURNUNDAN FİTİL FİTİL GEL(DİR)MEK

Nankörlük, haramzadelik ve ihanet hallerinde beddua manasıyla kullandığımız bu deyimdeki "fitil (fetil)" kelimesinin eskiden kullanılan dört anlamı vardır:

1. Lamba fitili
2. Ovalamakla deriden çıkarılan yuvarlak kir
3. Yaraya konulan pamuk
4. Örgü

Bu anlamların hemen hiçbiri, yukarıdaki deyime tam uygun gözükmüyor. En sondaki örgü anlamı, biraz eski işkence tarzlarını hatırlatıyor (Yer yer düğüm atılmış olan bir yumak ipliğin ucunu suçlunun burnundan ağzına sarkıtıp bir ileri bir geri sararak işkence yapıldığını Evliya Çelebi yazar.) ve dolayısıyla bir beddua için elverişli görünüyorsa da deyimde geçen "fitil" kelimesi bir ağırlık ölçüsü birimi olarak bambaşka bir anlam taşır. Dirhemin dörtte birine "denk", dengin dörtte birine "kırat", kıratın dörtte birine de "fitil" denir. Bu durumda fitil, dirhemin kesirlerinden biri olarak muhtemelen bir damla kan ağırlığında olmalıdır ki hakkı yenilen kişinin hakkı, eylediği beddua gereği zalimin burnundan damla damla (fitil fitil) gelebilsin.

Hafazanallah!..

24
CEMAZİYÜLEVVELİNİ BİLMEK

Zaman zaman duymuş, yahut okumuşsunuzdur. Eğer birisinin geçmişiyle ilgili olumsuzluklardan bahsediliyorsa, "Biz onun cemaziyülevvelini biliriz!" denir.

Cemaziyülevvel, hicrî takvimdeki aylardan beşincisinin ismidir.* Bunu takip eden aya da cemaziyülâhır adı verilmiştir.

---

* Hicrî ayların sırası şöyledir: Muharrem, safer, rebiyülevvel, rabiyülâhir, cemaziyülevvel, cemaziyülâhır, recep, şaban, ramazan, şevval, zilkade, zilhicce. Vaktiyle kapıkulu askerleriyle (yeniçeri ve süvari bölükeri ile acemi ocağı efradı) devlet memurları, üç ayda bir maaş (ulufe) alır ve aldıkları maaşa bu ay adlarından seçilmiş harflerden oluşan bir isim verilirmiş. Buna göre dört isim ve karşıladıkları aylar şöyledir:

Masar : Muharrem, safer, rebiyülevvel
Recec : Rebiyülâhır, cemaziyülevvel, cemaziyülâhır
Reşen : Recep, şaban, ramazan
Lezez : Şevval, zilkade, zilhicce.

Kelimelerin aslı Arapça cümadülula ve cümadüâhıre'dir. Arabistan'da, takvimin yürürlüğe girdiği zamanlarda, iki ay boyunca yağmursuzluktan kaynaklar kurumuş. Buna bakılarak da bu aylara cümadülula (ilk kuraklık) ve cümadülâhıre (son kuraklık) adları konulmuş.

Cemaziyülevvel ve âhırı, halkın üç aylar olarak bildiği recep, şaban, ramazan ayları takip eder. Bunun için eski haminneler bu iki aya "büyük tövbe, küçük tövbe" adını koymuşlarmış.

Şimdi gelelim "cemaziyülevvelini bilirim" kinayesine:

Bilindiği üzere Osmanlılarda arşivciliğe büyük önem verilir ve devlete ait her belge titizlikle saklanırdı. Şimdiki gibi dosyalama sisteminin olmadığı devirlerde, devlet daireleri bu iş için çuvallar kullanır ve her aya ait biriken evrakı bir torbaya doldurarak saklarmış. Arşiv evrakı birbirine karışmasın ve arandığı zaman kolay bulunabilsin diye de torbaların üzerine iri yazı ile ait olduğu ayın ismi yazılır, böylece mahzene indirilip kronolojik sırasına konulur imiş.

Yıllardan birinde cemaziyülevvele ait evrakın, sandık içine mühürlenip bir yere nakli gerekmiş. Henüz fakir bir mülâzım olan arşiv memuru, istenilen evrakı sandığa boşalttıktan sonra boş torbayı alıp evine götürmüş. Bir müddet sonra da fakirlik belâsıyla torbadan bir iç donu diktirip giymeye mecbur olmuş. Ne var ki torbanın üzerindeki halis bezir isi mürekkep, yıkamakla çıkmamış ve cemaziyülevvel yazısı tam da poposunda, okunur vaziyette kalakalmış. Olacak bu ya; bir gün kalem (eskiden devlet dairelerine bu isim verilirdi) arkadaşları onu iç donuyla görüp poposundaki cemaziyülevvel yazısını okuyunca fakir mülâzımın sırrı ortaya dökülmüş; aralarında imalı imalı gülüşmeye başlamışlar.

Gel zaman, git zaman; mülâzım efendi çalışıp çabalamış, okumuş yazmış ve kısa sürede yükselmiş. Artık kadife astarlı samur kürkler, mücevher işlemeli kaftanlar giyer olmuş. Eski arkadaşları kendisine gıpta ile bakmaya ve hatta kıskanmaya başlamışlar. Onun yüceliğinden bahsedildiği bir gün de içlerinden biri,

— Canım, demiş; şimdiki hâline bakmayın, biz onun cemaziyülevvelini biliriz.

O günden sonra cemaziyülevvelini bilmek, birisinin mazideki bir ayıbından kinaye olarak kullanılmaya başlanmıştır.

25
CEZA-YI SİNİMMAR

Sanırım bu sözü artık bilenimiz kalmadı. Ancak çok değil, daha elli sene öncesinin insanları, ceza-yı Sinimmar denildiğinde yüreklerinde bir acı hisseder ve "Vah ki vah!" diye hayıflanırlardı.

Ceza, "iyi veya kötü, bir şeyin karşılığı; ceza ve mükâfat" demektir. Ruz-ı ceza, "Her şeyin karşılığının verileceği gün, kıyamet günü" manasına gelir ve içinde iyiliklerin de karşılığı, yani mükâfat (mücazat) gizlidir. Oysa bugün kelimenin iyi manası tamamen unutulmuş, yalnızca kötü manasıyla ceza anlaşılır olmuştur.

Şimdi anlatacağımız hikâye ise bambaşka bir ceza türünü konu alır:

"İran şahlarından Numan bin Münzir eğlenceyi seven, dünyanın zevk ü safasına düşkün, bu uğurda her türlü devlet imkânını seferber etmeyi huy edinmiş, şuh yaratılışlı bir hükümdar imiş. İran halkı onun zamanında zevk ü safa içinde yaşamış. Devlet hazinesinin harcamaları bu uğurda sarf edilir olmuş.

Münzir, halkını rahat yaşatan bir şah olarak tarihe geçmek için ne gerekiyorsa yapmaya azmetmiş. Bu uğurda kendisi, halkına örnek oluyor ve dünya nimetlerinden istifade uğruna hiçbir fedakârlıktan kaçınmıyormuş.

Bir ara aklına bu icraatlarını anıtlaştıracak bir köşk yaptırmak gelmiş. Ülkenin en büyük ve maharetli mimarı olan Sinimmar'ı huzura çağırmışlar:

— Bak a mimarbaşı, demiş Münzir, benim için öyle bir yerde öyle bir saray yap ki dünyadan kâm alma adına hiçbir şey eksik olmasın! Sana iki yıl mühlet!..

Sinimmar, bu emri alır almaz işe koyulmuş. Önce ülkeyi bir uçtan diğerine dolaşmış. Kufe'de, Fırat sahillerinde hâkim bir tepeyi beğenmiş. Gerekli hazırlıkları tamamlayıp hemen işe koyulmuş. Münzir, hiçbir fedakârlıktan ve masraftan kaçınmıyormuş. İki yılın hitamında saray tamam olmuş ve Sinimmar, şaha sarayını gezdirmiş. Şah, devletin ileri gelenleriyle birlikte sarayın her katına, her odasına, her penceresine geldikçe hayretten hayrete düşüyormuş. Sinimmar saraya öyle bir ışık perspektifi vermiş ki şah için hazırlatılan oda günün her saatinde ayrı renkte görünür, sabahki rengi mavi iken, kuşluk vakti havaî, öğleyin beyaz, ikindide sarı olurmuş. Münzir bütün odaları gezdikten sonra, Sinimmar onu sarayın terasına çıkarıp güneşin batışını seyrettirmiş. Münzir, her dakikada heyecanı artarak akşamı etmiş. Nihayet usta mimar onu maiyetinden ve hizmetkârlarından ayırıp bir mahzene indirmiş. Mahzende kendisine, bir taşı işaret ederek demiş ki:

— Şah-ı şahanım!.. Bendenizden adınıza bir saray yapmamı istediniz. İşte bu Havernak Sarayı, dünya durdukça sizin adınızı yaşatacaktır. Sarayınızın anahtarı da şu gördüğünüz taştır. Eğer bir gün saraydan bıkarsanız; yahut gönlünüzü hoş etmez hâle gelirse, şu taşı çekip sarayı terk ediveriniz; bir saat sonra yerle bir olacaktır.

Numan bin Münzir, sanatında bu derece maharet gösteren Sinimmar'ı binlerce sözle övdükten sonra, ertesi gün kuşluk çayını terasta beraber içmek ve maddî iltifatlarını sunmak üzere davet edip odasına çekilmiş. Önceleri ona ne tür bir hediye verse bu şaheserin karşılığı olamaz diye düşünmüş ve hazineler bağışlamayı kafasına koymuş. Ancak saatler ilerledikçe şeytan gönlüne vesvese verip "Ya bir başkası için sarayın bir eşini daha yapar; yahut şifre taşın yerini başkasına söylerse!" diye aklına fitne salmış. Ertesi gün Sinimmar, kendinden emin, insanların alkışları arasında sarayın merdivenlerini tırmanıp terasa çıkmış. Şah onu Fırat manzarası seyretmek üzere korkuluğun kenarına getirmiş ve sırtından iterek mükâfatını vermiş. Zavallı Sinimmar uçuruma doğru süzülürken sesi kayalıklarda yankılanıyormuş:

— Diğer taş şahım, diğer taş!..

Derler ki Sinimmar'ın anahtar taşının bir benzeri daha var idi. O taş diğerinin aksine her yıl çıkarılıp yerine yenisi konulmazsa saray yine çökmeye mahkûmdu.

İşte bu hadiseden sonra ceza-yı Sinimmar, dillere destan olmuş.

Bugün Havernak Sarayı'nın yerinde yeller esiyor, Münzir'in ise adını hatırlayan yok. Ancak eminiz ki dünya durdukça Sinimmar adı yaşayacaktır. Çünkü o, mükâfat yerine cezaya çarptırılmanın, ceza-yı Sinimmar'ın sembolü olagelmiştir.

Çevrenize bakınız. Mutlaka bir Sinimmar ile karşılaşacaksınız. Dünyada zalim Münzir'ler var oldukça elbette mazlum Sinimmar'lara da rastlarsınız. Ve unutmayınız, zalim olmaktansa mazlum olmak daima iyidir.

26
ÇADIRINI BAŞINA YIKMAK

Osmanlı hükümdarları, sefer esnasında hareketlerinden ve hizmetlerinden hoşnut olmadıkları vezirlerini azletmek için kaldıkları çadırın direklerini söktürüp başlarına yıktırırlardı. Bu hareket, iktidardan düşme manasına eski Türk geleneklerinde mevcut olup Orta Asya'dan itibaren uygulanmıştır. Fatih'in, Karaman seferi sırasında Mahmut Paşa'nın; Yavuz'un da Çaldıran dönüşünde Hersekzade Ahmet Paşa ile Dukaginoğlu Ahmet Paşa'nın çadırlarını başlarına yıktırdıkları meşhurdur.

Tarihte hiçbir vezirin, bi-gayr-i hakkın (haksız yere) çadırı başına yıkılmamıştır. İllâki bugün...

Şimdi, bu deyimi *damını başına yıkmak* şeklinde kullanıyoruz.

27
ÇAM DEVİRMEK

Çam devirmek ile pot kırmak* hemen hemen aynı anlama gelecek iki deyimimizdir. Kaş yaparken göz çıkarmak da bunlara yakın bir anlamdadır.

Şimdi İstanbul'un merkezî yerleri sayılan pek çok mekânda eskiden eşraf ve kibar takımının sayfiye köşkleri bulunur, her köşk birkaç dönümlük arazi içerisinde bağlar, bahçeleriyle tanınırmış. Zariflerden birinin, Erenköy taraflarında böyle geniş bir köşkü varmış. Bahçesindeki her çeşit ağaç yanında, özellikle çam fidanlarıyla dikkati çeker ve parmakla gösterilirmiş.

---

* Acemi terziler elbise dikerken kumaşta meydana gelen uygunsuz büzülme veya kıvrımlara pot denir. Kesim veya dikim hatası sayılan potun giderilmesi, gizlenmesi oldukça zordur. Ütülemek veya gereksiz pensler ile potu kaybetmeye çalışmak, orada kumaşın kırılmasına (pot kırmak) yol açar ve daha fazla dikkati çeker.

Köşk sahibi bahçenin bir köşesine ilâve bina yaptırmaya karar verince, gereken keresteyi sonbaharda tomruk hâlinde getirip duvar dibine istifletmiş. O vakitlerin binaları ahşaptan yapılır ve çam, gürgen, meşe, ceviz vs. ağacın hemen her çeşidi kullanılırmış.

Sayfiye mevsimi bitince köşk halkı Bayezit'teki konaklarına taşınmışlar. Efendi, giderken köşkü bekleyecek uşağa şöyle tembihte bulunmuş:

— Önümüzdeki mevsim hizmetliler için buraya bir ilâve bina yapacağız. Biz yokken bir hızarcı bulup bahçedeki ağaçların arasındaki çamları biçtir, tahta ve kalas yaparak sundurmanın altına istifle.

Saf uşak, denileni yapmakta gecikmemiş. Ne var ki istiflenmiş çam tomruklarını biçtireceğine, bahçenin güzellik sembolü çam ağaçlarını kestirmiş. İri çamlar diğer ağaçların üzerine devrilirken de hızarcıya, "Bizim efendinin cimriliği tuttu. Bu çamları tahta edince yazın gölgeyi nerde bulacak?!.." diye dert yanarmış.

Haberi efendiye yetiştirenler,

— Uşak çamları deviriyor, bahçe elden gidiyor, demişler.

Bizim "çam devirmek" deyimi de buradan dilimize yadigâr kalmış.

28
ÇİZMEYİ AŞMAK

Söyleyişte daha ziyade "Çizmeyi aşma!", yahut, "Çizmeden yukarı çıkma!" biçiminde emir kipiyle ve boyundan büyük bir işe girişildiğini ima eder mahiyette kullanılan bu deyimin hikâyesi şöyledir:

Milâd-ı İsa'dan üç asır evvel Efes'te Apelle (Apel) isimli bir ressam yaşarmış. Büyük İskender'in resimlerini yapmakla şöhret bulan Apel'in en büyük özelliği, yaptığı resimleri halka açması ve gizlendiği bir perdenin arkasından onların tenkitlerini dinleyip hoşa gidecek yeni resimler için fikir geliştirmesi imiş.

Günlerden birinde bir kunduracı, Apel'in resimlerinden birini tepeden tırnağa süzüp tenkide başlamış. Önce resimdeki çizmeler üzerinde görüşlerini bildirip, kunduracılık sanatı bakımından tenkitlerini sıralamış. Apel, bunları dinleyip gerekli notları almış. Ancak bir müddet sonra adam, resmin üst kısımlarını da eleştirmeye ve hatta teknik yönden, sanat açısından, renklerin kontrastı ve gölgelerin derecesi üzerine de ileri geri konuşmaya başlayınca Apel, perdenin arkasından bağırmış:

— Efendi, haddini bil; çizmeden yukarı çıkma!

29
DALKAVUĞUNU BULMAK

Eski konakların kadrolu dalkavukları olduğu bilinir. Bunlar, efendilerinin sıkıntılı anlarında onların her dediğini tasdik etmekle birlikte, yeri gelince sözünü dudaktan esirgemeyen; bazen de neşeli hikâyeler ve nüktelerle onları eğlendirip rahatlatarak devlet nizamına katkıda bulunan, soytarı tipli insanlardır. Dalkavukluk deyip geçmeyiniz. Bu öyle her babayiğidin harcı da değildir ve her birerleri imtihanla işe alınırlar.

İşte hikâye:

Vaktiyle yüksek rütbeli zatlardan biri kendisine bir dalkavuk edinmek isteyip tellâl çığırtmış. Belirtilen gün ve saatte kapıda bazı dalkavuklar toplanmışlar. Sırayla imtihan odasına alınmaya başlamışlar. Efendi, ilk geleni şöyle bir süzmüş ve sormuş:

— Sen dalkavuk musun?

— Evet efendim, ben dalkavuğum.

— Amma hiç de dalkavuğa benzemiyorsun.

— Nasıl benzemem efendim. Filân paşanın yanında beş sene; falan vezirin kapısında üç sene hizmet ettim.

Efendi ona yol vermiş ve diğer adayı içeri almışlar. Ona da sormuş:

— Sen dalkavuk musun?

Aynı cevaplar ve aynı konuşmalar... Böyle birkaç aday sınandıktan sonra içeriye birisi girmiş. Soru aynı:

— Sen dalkavuk musun?

— Evet, efendi hazretleri; bendeniz dalkavuğum.

— Amma sen öyle pek dalkavuğa benzemiyorsun.

— Hakk-ı âliniz var efendim; pek öyle dalkavuğa benzemem.

— Fakat sanki biraz da dalkavuğa benziyorsun.

— Evet biraz da benzerim efendim.

Efendi dışarıya haber salmış:

— Ben dalkavuğumu buldum, diğerleri dağılıp gidebilirler.

Binlerce esef ki eskiden bir büyüğün bir dalkavuğu olurken şimdi her büyüğün yüzlerce dalkavuğu var. Dahası, eski dalkavuklar bazen öyle hakikatli sözler ederlermiş ki bu sözler meclise bir bomba gibi düşüp herkesi kendine getirirmiş. Yine eseftir ki şimdilerde insanlar, bir dalkavuk tutmak yerine çevrelerindeki herkesten dalkavukluk bekliyorlar. Doğrusu bu manzaraya bakınca insan, "Nerede o eski dalkavuklar!" diye iç geçiriyor.

30
DEFİN KULAĞINI ÇINLATMAK

Vaktiyle, 16. asır şairlerinden Ahî Benli Hasan'ın *Hüsn ü Dil* (Güzellik ve Gönül) adlı nazım-nesir karışık eserinde "defin kulağını çınlatmak" diye bir deyime rastlamış ve ne manaya geldiğini anlamakta zorlanmış idim. Çözümü Süleyman Faik Efendi'nin, 18. yüzyılın sonları ilâ 19. yüzyılın ilk çeyreğindeki İstanbul entelektüel hayatının hurda teferruatıyla dolu ünlü *Mecmua*'sını incelerken buldum.

Önce Faik Efendi'yi dinleyelim:

> Kuzâtdan El-Hac İbrahim Efendi ki Çekirdi demekle meşhur ve ta'lîk-nüvîsânın mütevasıtlarından ma'dûd ve eser-i kalemi olarak Âsitâne'nin ekser mahâllerinde levhaları meşhûd idiği vâreste-i kayd-ı sutûrdur. Mezkûr, be-gâyet mahbûbü'l-kulûb ve ihvânı meyânında muteber u makbûl bir zât-ı mehmedet-üslûb olmakla 202 (1787-1788) tarihinde Okmeyda-

nı'nda vakî' Tekye-i Kemânkeşân tîrendâzânından ol vaktin zurefâ-yı kemân-keşânı ile bûteye azmâyiş ederken âvîzesi olan zile tîri isâbet ile geçirmiş ve bu madde bâdi-i imtiyâz-ı akrân olarak ol mahalde bulunan şuarâ-yı kemânkeşân birer ikişer beyt ile medh ü senâ ile bazı mısralarda dahi tarih vaki' olmakla bu mahalle kayd olundu.

Asr-ı mezkûrda Tekye-i Kemânkeşân meclisinde bulunan şuarânın adedine nazaran ol tarihte üç-beş yüz şair bulunmak iktizâ edip devr-i Ahmed Hân-ı Sâlis'den evâhir-i asr-ı Selim Hân-ı Sâlise gelince kesret-i şuarâ derkâr iken 230 (1815) tarihinden beri kıllet-i erbâb-ı ahyâr ve tekâsül-i ashâb-ı isti'dâd u iktidârdan nâşî şuarâya inkırâz târî ve el-yevm sözleri tahsîne şâyân şuarâ hemân beş-altıya bâliğ olmayacağı bedihî olup bu hâletin sebeb-i ma'nevîsi, galiba zamân-ı hâlin adem-i müşâ'aresi olmak gerektir.

Burada anlatıldığına göre Çekirdi unvanıyla bilinen talik yazının üstat hattatlarından Kadı İbrahim Efendi, bir gün Okmeydanı'ndaki Kemankeşler Tekkesi'ne gider ve oradaki ok atma müsabakalarında kemanını kuvvetle çekip hedef olarak konulan def'e okunu fırlatır. Ne var ki ok defe değil de onun çevresindeki zillerden birine takılıp kalır. Okun hedefi bulmamasına rağmen zili delip geçmesi, kemanı çeken pazuların kuvvetini göstermek bakımından herkesi hayrete düşürmüştür. Bu garip vak'a üzerine İbrahim Efendi'nin dostları birer beyit ile kendisini kutlar ve hatta bazıları da hadiseye tarih düşürürler. Faik Efendi bu beyitlerden 25 kadarını kaydetmiştir. Bu metinden anladığımıza göre eski okçuluk talimlerinde hedef olarak def de kullanılmıştır. Belli ki o devirlerde okun, hedefi bulduğunu belli etmesi için defin çevresine "kulak" denilen şıngırdak ziller takılmaktadır. Defin kulağına isabet eden okun bir çınlama sesi verdiği düşünülerek bu zillerin sert madenlerden (demir, pirinç vb.) yapıldığı düşünülebilir. Bu durumda oku defe nişan alıp ancak zili vurabilmekten kinaye olarak türetilen "Defin kulağını çınlatmak" deyimi, galip ihtimalle büyük kârlar umularak girişilen bir işin çok küçük bir menfaatle sonuçlanması anlamında kullanılmıştır.

31
DEMOKLES'İN KILICI

Kolay görünen her işte bir tehlikenin var olduğunu belirtmek, yahut sorumluluk hissini unutmamak gerektiğini anlatmak üzere "Demokles'in kılıcı gibi" deriz. Hikâye şöyle:

Demokles, M.Ö. 4. yılda Syrakusai kralı olan Dionysios'un nedimlerinden birinin adıdır. Tarihler Dionysios'un basit bir aileden gelmekle birlikte cesareti ve kıvrak zekâsı ile devrinde hızla yükselip ülkenin krallığını ele geçirdiğini yazarlar. Kartaca ile yaptığı uzun savaşlar neticesinde Syrakusai'yi devrin en güçlü devleti hâline koyan Dionysios, şiddet yanlısı bir hükümdar olmakla birlikte, adaletli davrandığını göstermek üzere yanında daima bir kılıç taşır ve gerektiğinde de kelle uçurmaktan geri durmazmış.

Demokles, efendisinin sadakatini kazanarak hizmetinde bulunurken ona krallığın nimetlerinden bahsetmeye ve kral olmanın ne kadar rahat bir iş olduğunu sık sık tekrarlamaya başlamış. Demokles'in bu davranışına iyiden iyiye canı sıkılan Dionysios, nedimine bir ders vermek istemiş. Sözün yine krallık nimetlerine geldiği bir gün demiş ki:

— Demokles, senin de bir süre krallığın nimetlerini tatmanı istiyorum. Yarın bütün gün benim tahtıma sen otur ve ülkeyi dilediğince yönet.

Demokles, hayal bile edemeyeceği bu iltifat karşısında çok sevinmiş. Bir günün beyliği beylik diyerek, ertesi günü iple çekmeye başlamış. Ne var ki Dionysios o gece adamlarına emredip devamlı yanında gezdirdiği kılıcını, at kuyruğundan bir kıla bağlatarak tahtın tam üzerine astırmış.

Ertesi sabah büyük bir heyecan ve şevkle tahta oturan Demokles bir de bakmış ki başının tam üzerinde bir kılıç sarkmakta. Ha düştü, ha düşecek... Demokles tahta oturmuş oturmasına ama gün boyu soğuk ecel terleri dökmüş. Kralın kılıcı olduğu için de onu yerinden indirtmeye cesaret edememiş. Sonunda, anlamış ki can korkusu çekerek tahtta oturmak mutluluk değil, ancak işkence; bu şartlarda krallık da dıştan göründüğü gibi huzur ve mutluluk değil, bilâkis korku ve tedirginlik kaynağıdır. Velhâsıl Demokles, bütün gün tahtta oturmasına rağmen hiçbir icraat yapamamış. Akşam olunca Dionysios kendisine:

— Nasıl, demiş, Demokles, krallığın tadına vardın mı?

Demokles cevap vermiş:

— Haşmetmeap, krallık tatlı olacaktı ama yazık ki kılıç Demokles'in değildi.

32
DİŞ BİLEMEK

Husumetleri anlatmak için kullandığımız bir deyimimizdir, "diş bilemek." Hani şöyle, öfkenin insana yaptırabileceği bütün kötülükleri içine alır bu deyim. Açığını yakaladığı anda mahvetmeye, hayatını söndürmeye, rızkını kesmeye hazırdır birine diş bileyen kişi. Oysa deyim, hiç de öyle kötü bir hatırayı yansıtmaz.

Bir hadis-i şerifte, "Eğer ümmetime ağır gelmeyeceğinden korkmasaydım, her namazda onlara misvak kullanmayı emrederdim." buyurulmuştur. Diş sağlığının ne derece önemli olduğunu her fırsatta ilân eden modern tıbba örnek olacak bu düsturu atalarımız, o derece titizlikle uygulamışlardır ki misvak, onların hayat prensiplerinden biri olmuş, en zor şartlarda dahi unutulmamış, ihmal edilmemiştir.

Rivayete göre, sabah vakti Müslüman orduların karargâhlarını uzaktan keşfe çıkan bir Haçlı müfrezesi, onların sabah alacasında dereye indiklerini, ellerindeki ağaç parçalarını dişlerine aşağı yukarı sürdüklerini, sonra su ile ellerini, yüzlerini, kollarını, ayaklarını yıkayıp gittiklerini görüp bunun ne olduğunu anlayamayınca bir nevi harbe hazırlık seremonisi yaptıklarına kendilerini inandırırlar. Gelip ordu içinde bunu dillendirdiklerinde, ortalık birbirine girer ve şu yolda cümleler yüksek sesle söylenmeye başlar:

— Müslümanlar, yine bilmediğimiz bir harp hilesi yapıyorlar anlaşılan. Hem bu sefer dişlerini de bileyerek bizi parçalamak niyetindeler. Başınızı kurtarın!

Zavallı Haçlı askerinin giysisi gibi kalbi de kararmış olmalı ki diş temizliği gibi bir medeniyet emaresini, kendi içinde bulunduğu vahşetle tevile kalkıyor ve zihninde mağlubiyeti kabul ediveriyor. Gerçekten de sabah namazından sonra atlarına binip düşman üzerine süren gaziler, karargâhı yerinde bulurlarsa da ordudan bir eser bulamazlar. Çadırlardan birinde yakaladıkları yaralı bir Haçlı askeri, tir tir titreyerek onlara şöyle der:

— Keşfe çıkan askerler, sizin diş bilediğinizi görmüşler. Bu haberi duyunca hiç kimse sizinle savaşmak istemedi ve benim gibi yaralıları da bırakıp çekildiler.

33
DOKUZ DOĞURMAK

Çengeloğlu Tahir Paşa (ö. 1851), Osmanlı bahriye teşkilâtının ıslahı için gayretle çalışmış bir amiraldir. Kaptanıderya olduğu dönemde Bahriye Dairesi, Kasımpaşa'daki Divanhane (Şimdiki Kuzey Deniz Saha Komutanlığı) binasında bulunuyordu. O sırada, padişah iradesiyle bütün Kasımpaşa ve Galata havalisinin asayiş görevi kendisine verilmişti. Acımasız ve tavizsiz bir kişiliğe sahip olan paşa, işe, gece fenersiz sokağa çıkma yasağıyla başladı. Yasağın kontrolü için özellikle zifiri karanlık gecelerde çavuşlarıyla sık sık kendisi de teftişe çıkıp suçluları cezalandırıyordu. Onun yine böyle teftişe çıktığı gecelerden birinde, yasağa uymayan yirmi kadar adamı toplayıp huzuruna getirmişler. Bizzat kendisi sorgulamaya başlamış:

— Bre söyle, emrimin rağmına fenersiz olarak niçün sokağa çıktın?

— Paşam, bendeniz tütün tiryakisiyim. Baktım tütünüm kalmamış, bir fişek ayınga almak iktiza ettiydi...

Paşa, adamın sözünü kesip gürlemiş:

— Vurun buna elli değnek!

İkinci adamı alıp yine sormuş:

— Bre haylaz! De bakalım, niçün fenersiz sokağa çıktın?

— Paşa hazretleri, ne yalan söyleyeyim, ben akşamcıyım. Bizim Panayot'un meyhanesinde bir iki tek atmadıkça uyuyamam.

— Vurun buna altmış sopa!

Böyle böyle, Kasımpaşa ve Galata'nın ayak takımından hezele güruhu lâyıkıyla cezalandırmaya başlar. Sıra onuncu adama gelince, paşa ona da sorar:

— Gel bakalım herif! Sen niye sokağa fenersiz çıktın?

Adam titreyerek anlatır:

— Paşa hazretleri! Karım hamile idi. Sancıları tuttu. İki sokak ilerimizde bir ebe vardı. Onu çağırmaya gitmem iktiza etti. Ancak, feneri gündüzden komşu ödünç almıştı. Mecbur kaldım, fenersiz çıktım... Sonrası malûm, çavuşlarınız beni derdest edip huzur-ı âlilerinize getirdiler.

Paşa, adamın hâlinden doğru söylediğine kanaat getirip bunu tahkik için hemen, adamlarından birini zavallının tarif ettiği adrese göndermiş. Bir çeyrek kadar sonra haberci, soluk soluğa gelip kadının gerçekten doğurmak üzere olduğunu haber vermiş. Paşa, sakalını avucuna alıp bir yandan emrinin çiğnendiğine öfkelenirken diğer yandan, adamın hâline acımış. Sonunda, adamı affeder tarzda paylamış:

— Seni bu kez affediyorum. Fakat karın olacak o densize söyle; bir daha gecenin böyle olur olmaz vaktinde doğurmasın.

Zavallı adam sevinçle evine koşmuş ve doğruca yatak odasına dalmış. Bakmış ki bir bebek ağlıyor. Yüreğine sular serpilmiş ve karısına şefkatle yaklaşıp sormuş:

— Aman karıcığım. Geçmiş olsun, neyimiz var?

Kadın, adama hiç yüz vermeyerek sitem etmiş:

— Efendi, ne kadar da rahatsın. Güya ebe aramaya gitmiştin. Desene ki arkadaşlarınla keyfe çıktın da şimdi utanmadan gelmiş, hâlimi soruyorsun!?

Adamcık çaresiz, cevap vermiş:

— Hatun, hatun! Sen burada bir doğurdunsa, sorguda sıra gelinceye kadar ben dokuz doğurdum.

Bu deyim, dilimizde, sonucu merakla beklenen uygulamaların tedirginliğini bildirmek üzere kullanılır.

34
DOLAP ÇEVİRMEK

Gizli kapaklı işler yapanlar hakkında söylenen dolap çevirmek deyimi, bize eski konak geleneğinin bir yadigârıdır.

Kaç göç devirlerinde, zengin konaklarının erkekler kısmına selâmlık; kadınlar kısmına da harem(lik) denilirdi. Aile dışından kimseler geldiği vakit, kadın ile erkekler ayrı oturduklarından, konağın harem ile selâmlığı arasındaki duvarda bulunan dolap devreye girer ve iki taraf arasındaki hizmetler böylece yürütülürdü.

Dolap, eksen etrafında dönen, silindir şeklinde bir aparattır. Raflar hâlinde düzenlenmiştir ve kadınlar tarafından raflara yerleştirilen yemekler, dolap çevrilerek erkekler kısmına geçer, oradan boşalan kaplar yine aynı usul ile alınırdı. Eski konakların çoğunda yemek servisi böyle yapılır, mahremiyet hissi de dolapların her vakit kullanılmasını zaruri kılardı.

Aşkın, her devrin en geçerli duygusu olduğuna şüphe yoktur. Konaklardaki halayıklar, arabacılar, bahçıvanlar vs. ile aşçılar, hizmetçiler, yamaklar, dadılar, kalfalar arasında, fırsatını bulunca ilânıaşk için kırmızı gül demetleri, çiçekler, ipekli mendiller, lokumlar, lavantalar vs. de bu dolaplara konularak karşı tarafa gönderilir, böylece konak sahibine sezdirmeden dolap çevrilmiş olurdu. Hüseyin Rahmi'nin romanlarında, heyecanlı örnekleri abartılarak anlatılan dolap çevirmelerden günümüze, bu deyim kalmıştır.

35
EDEP YÂ HÛ!

Osmanlı Türkçesini bilenlerimiz, birtakım eski hat levhalarına bakarak atalarımızın hangi düsturlar çerçevesinde bir hayat felsefesine sahip olduklarını az çok kestirebilirler. Eskiden evlerin, resmî dairelerin, ibadethanelerin ve insan ayağı basan pek çok mekânın duvarları, bu tür levhalardan en az birkaç tanesiyle tezyin edilmiş olur ve en dikkatsiz nazarları bile kendine celp edecek süslere, tezhiplere, bezemelere, işlemelere sahip bulunurlar imiş. Bunlardan birisi de "Edep yâ Hû!" ibaresidir.

En fazla talik yahut celî sülüs hat ile yazılan bu ibare, aslen tarikat adabına mugayir bir hareketi sadır olan dervişe hitaben, mürşit ağzından dökülür. Ancak zamanla yalnızca tasavvuf çevreleriyle sınırlı kalmayıp bütün bir Türk-İslâm kültürünü kaplayacak şekilde şöhret bulmuş, yaygınlaşmıştır. Bu bakımdan tasavvufî mekânların haricinde dahi Edep yâ Hû'lara rastlamak mümkündür. "Edep yâ Hû!" hatlarının üstat hattatlar elinde çeşitli istiflere bürünen şekillerinden en yaygın olanı bir Mevlevî sikkesini sembolize eden şeklidir ve genellikle de sikkenin çevresinde şu beyit yer alır:

Ehl-i irfân arasında aradım kıldım taleb
Her hüner makbûl imiş illâ edeb illâ edeb

Bilgeler meclisinde kendine uygun bir hüner arayan kişinin her hünerden daha çok edebi makbul sayması, sufîlerin toplum vicdanına ne derecelerde tesir ettiğinin de delilidir. İslâm, elbette bir edep dinidir; ancak tasavvufta edebin apayrı bir yeri vardır. Tarikat adabının her kademesinde edep ön plândadır. Sufî, canlı olsun cansız olsun –ki onlara göre her yaratılmışın canı olduğu farz edilir– her şeye ve herkese karşı edebini korumak zorundadır. Kapının çarpılmadan yavaşça örtülmesi bir edeptir. "Kapıyı kapat" denilemez (Allah kimsenin kapısını kapatmasın); belki kapıyı ört, yahut sırla denilebilir. "Lâmbayı (mumu, ışığı) söndür" denilemez (Allah kimsenin ışığını söndürmesin); lâmbayı dinlendir denilir. Keza lâmba yakılmaz, ancak uyandırılabilir. Birisi konuşurken sözünü kesmek, gizli konuşmak, mecliste fısıltı ile lâkırdı etmek, işaret ve işmar etmek vs. hep edebe aykırı davranışlardır. Gezerken yere, ayağın sesi duyulmayacak derecede, yumuşak basılmalıdır. Kapıdan çıkılırken arkasını dönmek edepsizliktir. Kapı eşiğindeki ayakkabılar dışarıya değil (zira bunun manası "git, bir daha gelme" demektir), içeriye doğru çevrilir. Uyuyan birini uyandırmak için onu sarsmak, yahut adını ünlemek abestir. Bunun yerine yastığına parmak uçlarıyla vurulup hafif sesle "Âgâh ol erenler!" denilir. Uyanan kişinin de yataktan kalkarken yastığını öpüp yorganıyla görüşmesi (görüşmek, tasavvuf tabiratındandır ve öpmek, yahut öpermiş gibi dudağa değdirmek, manalarına gelir) bir edep kaidesidir. Bir şey alınıp verilirken keza aynı kaide geçerlidir.

Yemek yiyenin ağız şapırdatması, ağızda lokma varken konuşması, kahveyi, çayı höpürdeterek içmesi, fincanı yahut bardağı ses çıkartarak tabağa koyması; yahut da sofrada kaşık ve çataldan ses çıkartması edep harici hareketlerdendir.

Bütün bunlara günlük hayatın adabımuaşeret kaideleri arasına girmiş yüzlerce düsturu ilâve edebilirsiniz.

"Edebi edepsizden öğren" atalar sözü, ibret alma hasletinin telkininden ibarettir. "Eline, beline, diline" düsturu ise hakikat yolcusunun kendine ait olmayan bir şeyi almaması, uygunsuz kelâm söylememesi ve kimsenin namusuna halel getirmemesi demektir. Zaten edep kelimesi de e (eline), de (diline) ve b (beline) harflerinden müteşekkildir ve tam manasıyla insanın uyması gereken düsturların remzidir. Erenlerin "Elin tek, dilin pek, belin berk tut!" demesi de bunun dervişçesidir.

Söz konusu tasavvufî edebin dışında, hayatın her kademesi bir edebe vabestedir. Yeme içmeden giyim kuşama, hâlden kâle, hükûmet etmeden siyasete, nefes almadan ölüme, her şeyin bir edebi vardır. Günümüzde, bu edebi gösterebilecek alperenlere ihtiyaç vardır. Yoksa insana "Edep yahu!" derler!..

36
ELÇİ PEŞREVİ

Türk sanatları içerisinde en köklü geleneklere sahip olanlardan birisi de musikidir. Çünkü mehter musikisinin evveliyatı, bin yılı aşkın bir zamana kadar uzanır. Osmanlı Devleti, ilk gününden itibaren mehter ile tanışık yaşamış, dolayısıyla musikinin de asla dışında kalmamıştır.

Osmanlı mehteri, bütün asırların birikimleriyle gelişe gelişe XVIII. asırda nadir bir mükemmeliyete erişir. Bu asırda artık, Türk mehterhanesi Avrupa'da ses getirmekte, mehter musikisi de Avrupalı musiki adamlarını etkilemektedir. Çünkü bu asırda elçiler sık sık mehter eşliğinde kabul edilir; hatta yabancı ülkelere giden elçilik heyetleriyle birlikte bir mehter takımı da gönderilir olmuştur. Özellikle 1699 Karlofça Barış Antlaşması'ndan sonra yabancı ülkeler ile sık sık elçiler düzeyinde görüşmeler, sözleşmeler, anlaşmalar vs. hızlanmış, bütün bu siyasî faaliyet grupları arasında değişik katlı mehter takımları da yer almıştır. İşte bu dönemlerin hatırası olarak Mehterhane de özel bir marş besteler: Elçi Peşrevi.

Tarihte, Türkler'in Kantemiroğlu (1673-1723) dedikleri bir zat vardır. Uzun müddet Boğdan Beyliği yapan bu zatın asıl adı Demetrius Cantemir'dir. Enderun'da Türk musikisi tahsil etmiş ve bilâhare, yazdığı kitaba bu konuda yaptığı ciddi çalışmaları da ilâve etmiştir. Kitapta, Türk musikisi sesleri için icat ettiği bir nota sistemi ile o devir saz eserlerinin notalarını da vermektedir. Bu konuda uzunca bir makale yazmış olan Haydar Sanal*, bu kitabın adını zikretmemekle birlikte içinde yer alan Elçilik Peşrevi'nin notalarını neşretmiştir.

Elçilik Peşrevi, yalnızca törenlerde icra olunan muhteşem bir marştır. Irak makamında ve harbî düyek usulünde bestelenmiş olan peşrev, askerî marşlarımız arasında da seçkin bir yere sahip imiş. O kadar ki oradaki ezgiler ve geçişler pek çok Avrupalı musiki adamına parmak ısırtmıştır. Özellikle İstanbul'da icra edildiği zaman, Osmanlı'nın bütün ihtişamını omuzlayıp elçilerin ruh hâllerine tesir eder ve âdeta görüşmelere Osmanlı lehine zemin hazırlarmış. Evliya Çelebi'ye göre bunu çalan mehter takımında, her biri bir hamam kubbesi kadar olan yüz elli çift deve kösleri, fil kösleri var imiş. Bayram günü ve geceleri ile saray düğünlerinde bu peşrev, on sekiz devletin elçileri huzurunda icra edilirmiş.

Mehter teşkilâtı 1826 inkılâbı ile feshedilmiş ve bir daha Türk coğrafyasında Elçilik Peşrevi duyulmamış; geriye, dilimizde tabasbus anlamında kullanılan deyim kalmıştır.

---

* bkz. *Hayat Tarihi Mec*muası, Yıl 2, Sayı (Şubat 1966), s. 35-41.

37
ELİ KULAĞINDA

Gerçekleşmesi pek yakın olan işler hakkında "(Henüz olmadı ama) eli kulağında!" deriz. Bu deyimin kaynağı Asr-ı Saadet'e, Bilal-i Habeşî'ye kadar uzanır. İslâmiyet yayılmaya başlayıp da Müslümanların sayısı artınca, namaz için onları bir araya toplamak üzere ezan okunması kararlaştırılmış ve sesi güzel olduğu için de Habeşistanlı eski köle Hz. Bilal, bu vazifeye seçilmişti. Ne var ki Medine'deki müşrikler ve diğer dinlere mensup olanlardan bazı tahammülsüz insanlar, ezan okunurken sesi duyulmasın diye gürültü yapmaya, çocukları toplayıp Bilal-i Habeşî ile alay ettirmeye başlamışlardı. Bunun üzerine Hz. Bilal, ellerini kulaklarına tıkayarak ezan okumaya başladı. Bilâhare müezzinler, ellerini kulaklarına tıkamayı bir tür Bilal-i Habeşî sünneti gibi gördüler ve ezanı öyle okudular.

Eskiden birisi yanındakine,
— Ezan okundu mu, dediğinde, eğer vakit çok yakın ise,
— Okunmadı ama (müezzinin) eli kulağında; dermiş.

38
ESKİ ÇAMLAR BARDAK OLDU

Evliya Çelebi, ünlü *Seyahatname*'sinde Bolu'yu anlatırken şöyle der:

> (...) Ab-ı hayat suları ve kutu bozası ve çam ve ardıç bardakları olur kim andan su içen ab-ı hayat-ı cavidan bulur. Ol diyarda ona senek ve boduç derler.*

İmdi, çam ağacının işlenmesi kolaydır. Üstelik ağacın bir özelliği de suyu soğuk tutması ve ona lâtif bir koku vermesidir. Piknik arazilerindeki çeşmelerin, çam gövdelerinden akıtılmasının bir sebebi bu olsa gerektir. Ayrıca, çam ormanlarından çıkan kaynak suları da oldukça itibar görür. Çam ile su arasındaki bu illiyet, Evliya Çelebi'nin de dediği gibi çam ormanları-

---

* *Seyahatname*, TS Ktp. Bağdat Köşkü, nr. 304, v. 278 a.

nın bulunduğu yerlerde ağaçtan yekpare bardaklar (veya boduçlar) yapılıp su kabı olarak kullanılmasına yol açmış.

Çelebi'nin verdiği malûmata göre deyimi "Eski camlar bardak oldu" şeklinde okumak hatalıdır. Gerçi mantıkî olarak eski cam kırıklarının toplanıp yeniden imalâta sokulup bardak yapılması mümkündür. Hatta bir dönemin İslâm fetihlerinde yoksulluktan dolayı kiliselerin küçük çanları da su tası olarak kullanılmış olabilir. Bu durumda "Eski çanlar bardak oldu" diyenler de haklı çıkabilir. Ancak deyimin şöyle bir hikâyesi anlatılır:

Vaktiyle orman köylerinden bir delikanlı, askere gitmiş. O yıllarda askerlik de uzun sürüyor hani. Geri döndüğünde köyün yakınındaki büyük çam ağaçlarının kesildiklerini görüp babasına sebebini sormuş. İşte cevap:

— Oğlum, sorduğun o eski çamlar bardak oldu. Askerde iken sana gönderdiğimiz harçlıklar nereden geldi sanıyorsun?

39
ESKİ KULAĞI KESİKLERDEN

Becerikli, iş bilir ve kıvrak zekâlı olmakla birlikte, bu meziyetlerini kendi menfaatleri doğrultusunda kullanan, bu arada ufak tefek kaçamaklarla kendisine çıkar sağlayan kişilerden bahsederken kullandığımız bir deyimimiz vardır: Eski kulağı kesiklerden.

Bu deyimin dilimizdeki varlığı ta 16. asır başlarına, Hacı Bektaşî Veli zamanına kadar uzanır. Bilindiği gibi Hacı Bektaşî Veli hazretlerinin kurduğu tarikat (Bektaşiyye), yeniçerilerin resmî tarikatı olmuş ve asker ocağına girenler, genellikle bu tarikat adabınca yaşamışlardır. Ancak yeniçeriliğin, daha ilk dönemlerden itibaren devşirme sisteminden beslenmesi tarikatın da yozlaşmasını hızlandırmış ve yeniçeriler arasında Bektaşî geleneğine uymayan davranış ve hayat tarzları, hoşgörüyle karşılanıp giderek tarikat düsturlarındanmış gibi algılanmalarına yol açmıştır.

Rivayete göre, Bektaşîliğe girmeyi kabul eden muhiplere tarikatın şartları açıklanıp, bunlara uyacaklarına dair söz alındıktan sonra, şeyh tarafından bazı küçük nasihatler verilir ve tekkenin kapı eşiğinde kulaklarından birine bir delik açılarak halka biçiminde bir küpe takılırmış ("Kulağına küpe olsun" sözü buradan geliyor olmalı). Eski kaynakların "menguş" ismiyle kaydettikleri bu küpe, muhibbin artık derviş olduğuna işaretle, kulağından Hz. Ali'ye bağlı olduğunu sembolize eder. Nitekim, Yavuz Sultan Selim'in kulağındaki menguşun da Bektaşîlik sembolü olduğunu söyleyenler vardır.

Yeniçerilerin belli bir yaşa kadar evlenmeleri yasak olduğundan, bu küpe zamanla onların mücerret (bekâr) yaşamayı kabul ettiklerinden kinaye olarak anılmış ve kulağı küpeli dolaşan birinin yeniçeri taifesinden olup evlenmeyeceğine inanılır olmuş. "Kulağı deldirmek" ikrar vermek manası taşır ki bundan, Şeyh eşiğine baş koyup kulağı deldirenlerin, kendilerine telkin edilen şeylerin hilâfına davranmalarının yasaklanmış olduğu anlaşılır. Ne var ki insanoğlu, nefis sahibi olmak hasebiyle sık sık ikrarından dönegelmiştir.

Gel zaman, git zaman...

Tarikata girerken mücerretlik sözü verip kulağı deldiren dervişlerden bazıları, zaman içerisinde kaçamak evlilikler yaparak yol yordam azdırdıklarında, Balım Sultan bunları huzura çağırıp keyfiyeti öğrenmek ister. İçlerinden birkaçı vaziyeti inkâra kalkışınca da onlara ders olsun diye kulaklarındaki menguşlarını çekip alır. Tabiî bu esnada, bizimkilerin kulak memeleri yırtılır. Bilâhare halk, bunların eskiden Bektaşî olduklarını telmihen "eski kulağı kesik", "eski kulağı kesikler" diye söylemeye başlar.

İşte, sonraki zamanlarda bu cümleler birer deyim hâline gelip umumîleşmiş ve bugün herkes hakkında kullanılır olmuştur.

40
EŞREF SAAT

Bir işe başlamanın uğurlu ve uygun zamanını tanımlarken "eşref saatini bekle" telkininde bulunur, yahut yapılan bir işin hayırlı sonuç vermesi durumunda "eşref saate rastladı" deriz. Bir kimseye bir işi yaptırmanın en uygun zamanını bildirmek üzere kullandığımız bu deyimin aslı eşref-i saat (zamanın şereflisi, muvafık zaman, denk gelme) şeklinde ifadelendirilen bir astroloji terimidir.

Tarihte gök bilimleriyle ilgilenen ilk medeniyetler, Sümerler ile Keldanîlerdir. Mezopotamya'nın bu eski kavimleri, gök cisimlerine tapar ve yıldızların hareketleri ile aldıkları değişik konumlardan bazı hükümler çıkarırlarmış. Şimdi astroloji dediğimiz ilm-i ahkâm-ı nücum'un esası işte buraya dayanır.

Astrolojiye göre, insanların ve kâinatın hareket ve tavırlarında burçların etkisi, daima hissedilmektedir. İnsanlar, hayvanlar, bitkiler ve madenlerden her biri bir burcun ve gezegenin etkisi altında hareket eder. Duygular, ahlâk, huylar, sağlık vb. bakımlardan burçlar, değişik zamanlarda değişik etkiler gösterir ve bazen olumlu, bazen olumsuz sonuçlara sebep olurlar. Astroloji sisteminde yer alan her bir yıldız ve gezegenin etkisi altındaki insan da yıldızına uygun olarak iyi veya kötü, cimri veya cömert, neşeli veya üzgün, kısaca talihli veya talihsiz dönemler yaşarlar. Eskiler, gezegenlerin kutlu ve kutsuz zamanlarını tespit etmişlerdir ve bir gezegenin ilk hareket noktasına dönüşünü, onun kutlu zamanı kabul edip buna zaman-ı şeref (veya şeref-i şems, şeref-i kamer) demişlerdir.

Yıldızların burçlar sistemindeki konumları, uğurlu (sa'd) veya uğursuz (nahs) dönüşümlerle doludur. Gezegenlerin on iki burcu sınırlayan zaman dilimlerine girişleri (yükselen burç) ve duruşları, o burcun güneşe göre konumu içerisinde bazen uğurlu, bazen da uğursuz zamana denk gelir. Bu yüzden, her burç için aylık veya günlük dilimdeki kutlu ve kutsuz saatler değişebilir ve bazen ayın başında olan kutlu saat (sa'd), bir sonrakinde sonuna; birinde gün ortasına rastlayan kutsuzluk (nahs), ertesi gün akşam veya sabaha rastlayabilir. Bunu ancak astroloji ile yakından ilgilenenler takip edebilirler. İşte, uğurlu olduğu tespit edilen veya zannedilen böyle bir zamanda başlanılacak işlerin insana uğur getireceğine inanılır ve buna eşref-i saat denilir.

Eskiler eşref saate çok önem vermişler ve yıldız ilminin bu şubesini ayrıca ele alıp ihtiyarat adıyla özelleştirmişlerdir. Emevîler ve Abbasîler'den başlayarak hemen bütün İslâm saraylarında mevcut olan müneccimlerin uğraştıkları işlerden birisi de eşref saati tespit etmek ve onları belli dönemlere ait listeler hâlinde sultana sunmak olmuştur. Osmanlı sarayında da müneccimbaşılık müessesesi bulunur ve padişahın tahta çıkması, şehzadelerin doğumu ve isimlerinin konulması, savaş ilânı, ordunun hareketi, önemli bir devlet işine başlanılması, sadrazama mühür verilmesi, bina inşaatına temel konulması, denize gemi indirilmesi, sultanların düğünlerinin yapılması vs. pek çok konunun zamanını tespitte müneccimbaşı, son sözü söylemiş ve işler ona göre yürütülmüştür. O kadar ki eşref saati bir dakika bile tehir edilmeyerek bütün teşrifat ve protokolü ona göre düzenlettiren padişahlar olmuştur. Sultan II. Mehmet'in, İstanbul'un fethi için müneccimlerin belirlediği eşref saatte sefere çıktığı rivayeti bunlardandır.

Günümüzde, açılış merasimlerinde kurban kesilmesi, bir işe başlanılacağı gün sadaka verilmesi, uğur getirsin diye bazı günlerde özel davranışların tercih edilmesi, uğur sözlerinin tekrarlanması vb. pek çok âdette biraz da bu eşref saat anlayışının etkisinin bulunduğu düşünülebilir.

Eski şairlerin eşref saatlerinin, sevgiliye vuslat ânı olduğunu Enderunlu Fazıl'ın şu beytinden anlıyoruz:

Bir gün elbet ola eşref sâati
Bu dil-i şikestemi ben sağlarım

Bir gün elbet sevgilinin eşref saatine rastlarım da şu kırık gönlüm yapılır.

Bakî'nin şu beytinden de eski cinci hocaların, eşref saatte muska yazdıklarını anlıyoruz:

Rûyunda lâ'li üzre hat-ı müşg-bâr-ı yâr
Şîrînlik yazar şeref-i âfitâbda

Sevgilinin yüzündeki misk damlası ben, dudağının üzerinde öyle durur ki; görenler, güneş burcunun, şeref saatinde şirinlik muskası yazdığını zannederler.

41
EYYAM REİSİ

Menfaatini düşünen ve güne göre davranan, gününü gün eden oportünist insanlara eyyamcı denir. Eyyam (günler) kelimesi ile yapılan bazı deyimlerde de hemen hemen aynı anlam mevcuttur: Eyyam dostu (iyi gün dostu), eyyam efendisi (dalkavuk)... gibi. Dilimizde eskiden kullanıldığı hâlde bugün unuttuğumuz bir de eyyam reisi deyimi vardır.*

Eskiler, sabit ve tutarlı bir tavır içinde olmayıp yel nereden eserse oraya göre eğilen kişilere, eyyam reisi derlermiş. Bu

---

* Gemilerin kürekle seyre çıktığı kadırgalar devrinde forsaların, nefeslerini açmak ve zinde kuvvet ile kürek çekmek üzere hep bir ağızdan tempo tutarak söyledikleri "Heyamola!" tekerlemesinin kaynağı hakkında iki rivayet vardır. Birincisi "Hey ya Mevlâ!" yakarışının bir kısaltması, ikincisi de "Eyyam ola!" temennisidir. Uygun rüzgâr ve müsait eyyamın her iki rivayet için de geçerli olduğunu söylemeye gerek yok sanırız.

davranışın örnekleri her çağda bolca görülebilir. Hani, nabza göre şerbet verip karşısındaki kişinin mizacına uygun davranarak menfaatlerini muhafaza eden insan tipleri vardır!..

Eyyam reisi tabirini gemiciler icat etmiştir. Gemicilerin sıkça telâffuz ettikleri rüzgâr kelimesinin bilinen "yel ve esinti" anlamı dışında, bir de "zaman, devir, çağ, yaşanılan günler ve ikbal, talih, nüfuz" anlamları vardır. Eski gemiciler, müsait rüzgâr altında zaten rotasına uygun seyretmekte olan bir geminin, dostlar alışverişte görsün diye, idaresini ele almağa yeltenen gösteriş meraklılarına, eyyam reisi derlermiş. Bu tavır halkın dilinde de eyyam reisi diye anılmış ama anlamına biraz da dalkavukluk eklenmiştir. Bir farkla ki dalkavukluk kişiye bağlı iken eyyam reisliği zamana bağlıdır; rüzgâr nereden eserse, oradan ses verir. Hani bu tıynette bir şairin,

Ger bana uymazsa eyyâm, uyarım eyyâma ben

dediği bir dizesi vardır. Halkın diline "Zaman sana uymazsa sen zamana uy" şeklinde yansıyıp sanki bir ayet veya hadis gibi hükmüyle amel olunan bu kasıtlı söz, bizce tam da eski eyyam reisi tipini tarif etmektedir. Hafazanallah!..

42
FERTİĞİ ÇEKMEK

Sultan II. Abdülhamit'in gayretiyle Hicaz demir yolu yapılırken bu iş Almanlara ihale edilmiş ve tabiî şantiyelerin önemli sorumluları, memurları, teknisyen ve şefleri Almanlardan teşekkül etmiştir. Tesisi biten gar ve istasyonlardan işçi nakleden vagonların makinistleri, kondüktör ve makasçıları da Alman olduğundan, eğer vagon bir yerden hareket edecekse önce kampanalar çalar, bütün yolcular bindikten sonra da hareket memuru "Fertig!" diye bağırırmış. Fertig, Türkçede "Hazır!" demektir. Alman hareket memurlarının "Fertiiig!" diye uzatarak ünlemelerine uzun süre muhatap olan halk, bundan hoşlanmış olmalı ki giderek trenin kalktığını "fertiği çekti" biçiminde ifade eder olmuş. Daha sonradan ise deyim hâline gelerek anlam genişlemesine uğramış ve Türkçeye iyiden iyiye yerleşmiştir. Bu deyimin "savuşmak, kaçmak, uzaklaşmak, geri dönmemek üzere gitmek, ölmek" gibi manaları vardır.

43
GEMİ MAYMUNU GİBİ

Unutulmaya yüz tutan, hatta unutulan deyimlerimizdendir; oturduğu yerde kıpırdamadan saatlerce duran veya elini alnına siperlik edip uzun uzun aynı noktaya bakan kişiler hakkında "Gemi maymunu gibi (oturuyor/bakıyor)!" denilir.

Bugün televizyonda şovmenlik yaptırılan maymunlar, tarihin her devrinde insanoğlunun dikkatini çekmiş; ama ilk defa Osmanlılar tarafından faydalı bir iş kolunda istihdam edilmişlerdir.

Atalarımız, Mağrip'ten (Kuzey Afrika memleketleri) getirdikleri maymunları cinslerine göre tasnif eder ve sağlıklı olanlarını tersane hizmetlerine ayırırlarmış. Akdeniz'i, neredeyse bir Türk gölü olacak kadar avucunun içine alan Türk denizcilerinin, özellikle 16. asırdan itibaren denizcilik fenninde mükemmel gelişmeler gösterdikleri bilinmektedir. İşte, o dönemlerde ve bilhassa Sultan II. Bayezit devrinden itibaren gemilerde gözcü olarak maymunlar kullanılmıştır. Bunlar, Gelibolu ve İstanbul tersanelerinde özel eğitim ile terbiye edilen maymunlar olup harp gemilerinin seren ve cundalarına oturtularak, ufuktaki gemiler gözetletilir imiş. Maymunların gözleri yaratılıştan keskin olup uzakları çok iyi gördükleri bilinmektedir. Gemi maymunlarına biz, fazla sesi çıkmayan, isyan ve kışkırtmalara iştirak etmeyen, birkaç muz ile akşam sabah hizmet eden; kar, fırtına demeden seren direği üzerinde oturup etrafı gözetleyen ve ucuz iş gücü teminine imkân veren bir tayfa gözüyle bakabiliriz. Üstelik, bir gemide iki tane böyle maymunumuz var ise, iki vardiya nöbet hizmeti de tamam olacaktır. En güzeli de gemiyi veya karayı görünce kaptandan bahşiş istemeyecek, yahut gördüğünü saklayıp ihanet etmesinden korkulmayacaktır.

Maymunların resimleri neden hep elleri alınlarında siper olmuş şekilde uzaklara bakarken çizilir diye merak ederdim. Şimdi anlıyorum ki zavallı hayvan, günün yarısında böyle durmaktan kaskatı kesiliyor besbelli. Seren kaidesine tünemiş vaziyetteyken ufukta bir gemi gördüğünde aşağıya seslenerek haber veren maymunlar, acaba kalyon veya kadırga gördüklerinde bunu da ayırıyorlar ve ayrı bir ses veya hareket mi yapıyorlardı, doğrusu merak konusu!..

44
GOYGOYCULUK YAPMAK

Büyük şehirlerde oturanlar, arada sırada merkezî yerler ve meydanlarda bir grup görme özürlü vatandaşın oluşturduğu derme çatma bir orkestranın, günün moda nağmeleri terennüm ederek kamuya açık konserler verdiklerine şahit olurlar ve ekseriya durup dinlemeye vakitleri olmadıklarını vehmederek geçip giderler. Hâlbuki durup dinleseler, merhamet ile musikinin ne derece birbirlerine yakıştığını anlayacaklar ve hüzün ile coşkuyu birbirine katıştırarak irkileceklerdir.

Bence o solistlerin haletiruhiyelerini bir lâhza tahattur, kalplerimizin katılık derecesini ölçmeye kâfidir.

Ne zaman böyle bir orkestraya rastlasam, kitaplarda okuduğum eski goygoycuları hayal ederim. Bakmayın siz, şimdilerde goygoycu kelimesinin olumsuz bir anlam ifade ediyor oluşuna! Eski goygoycuların, zamanımızın şakşakçılarıyla kraldan fazla kralcı kesilen kışkırtıcılarıyla bir alâkaları yoktur. Hele onlar, günümüzün saçma sapan sözlerle ortalığı bulandıran yalakalarına hiç benzemezler.

Atalarımızın tanıdığı goygoycular, muharrem ayının ilk günlerinde küme hâlinde, kapı kapı dolaşarak yardım toplayan görme özürlü kişilerdir. İçlerinden sesi güzel olan biri "Gökte melek, yerde her can ağladı" gibi içli bir Kerbelâ mersiyesi okurken, diğerleri de her mısraın sonunda "Hoy goygoy cânım!" diyerek ona eşlik ettikleri için bu isimle anılmışlardır. Bu tekerlemenin "Hey kaygulu cânım!" nakaratından bozma olduğu eski kitaplarda yazılıdır.

Bir zamanlar İstanbul'da, Şehzadebaşı Camii imareti karşısındaki Tabhane denilen vakıf binada, çoğu Anadolu'dan gelmiş görme özürlü vatandaşlar oturur, her biri gündüzleri değişik semtlerde dilenerek aynı çatı altında geçinip giderlermiş. Muharrem ayı girince, şehri semt semt paylaşarak önlerinde gözleri görmekle birlikte, topal veya çolak bir yedekçi ile altışar kişilik gruplar hâlinde goygoya çıkma âdetini, bunlar icat etmişler. Goygoy esnasında birbirlerinin birer adım gerisinde, öndekinin ya sol omuzundan, yahut değneğinden tutunarak yürüyen bu kader kurbanları, bir örnek bez cüppeleri ve ince yemeni serpuşları ile İstanbul sokaklarında tam bir solistler grubu gibi dolaşırlar ve halkın ilgisini de çekerlermiş. Ellerinde uzun asalar; bellerinde iki taraflı ve iki ağızlı torbalar; yahut omuzlarında çift gözlü heybeler bulunduğu malûmumuzdur. Altı kişide toplam on iki göz torba bulunması, on iki imamdan kinayedir. Goygoycular, gittikleri evlerin önünde halka olup mersiye yahut ilâhiye başladıklarında, hane halkı bir müddet dışarı çıkmaz ve ilâhiyi dinler, sonuna yaklaşıldığında da kapıyı açıp para yahut aşure malzemesi olacak hububattan ne verilecekse bir kâse içinde getirip yedekçiye teslim ederlermiş. Yedekçi, verilen şey her ne ise alır, ona ait torbayı taşıyanın torbasına boşaltıp kabı geri verirmiş. Goygoycular, bu yolla topladıkları malzemeyi Tabhane'de pişirirler ve hem kendileri yer; hem de İstanbul halkından şifa niyetine isteyen olursa onlara dağıtırlarmış.

Goygoycuların okudukları ilâhilerden en ünlüsü, şu mısralarla başlar:

Kerbelâ'nın yazıları
Şehîd olmuş gâzileri
Fatma Ana kuzuları
Hasan ile Hüseyin'dir
(Hey kaygulu cânım)

Kerbelâ'nın ta içinde
Nûr balkır siyâh saçında
Yatur al kanlar içinde
Hasan ile Hüseyin'dir
(Hey kaygulu cânım
Hey kaygulu cânım)

45
GÖZDEN SÜRMEYİ ÇEKMEK

Çevremizde birilerinin el çabukluğunu, diğerlerinin gafletinden yararlanıp menfaat temin ettiğini, ustaca uygulanmış aşırma plânlarını, yahut en masum anlamıyla da becerikliliklerini gördükçe, o kişiler hakkında "Ha, o mu; gözden sürmeyi çeker alimallah" deriz. Bir insanın gözü açık iken, kirpiklerindeki sürmeyi çaldırması kendisi için ne kadar ahmakça görülürse, hırsız için de o derece ustalıklı (sanatının erbabı) olarak yorumlanır. Ama eğer bu göz o göz, bu sürme de o sürme ise! Şimdi şaşırmaya hazır olun:

Eskiden tersanelerde, gemi yapımında kullanılan kerestеler belli zamanlarda fermanlar çıkartılarak Kastamonu, Bolu, Karamürsel vb. orman arazilerinden tomruk olarak getirtilip tersanenin uygun depolarında stoklanır ve her yıl ağaç kesilmesine müsaade edilmezmiş. Hem fazla yer tuttukları, hem de işlemesi kolay olduğu için tomruklar geldikleri gibi saklanmaz, dilinir, bıçılır ve ileride kemere, kasara ve omurga olmak üzere değişik ebatlarda kereste hâline getirilip öylece istiflenirmiş. Bu kerestelere, tersane ustalarının terminolojisinde "sürme" tabir edilir.

Sürmelerin tiplerine ve sınıflarına göre ayrılarak ayrı barakalara (depo) konulmasının, hem tersanede çalışanların işlerini kolaylaştırması, hem de mekândan tasarruf sağlaması bakımından önemi vardır. İşte bu barakalara da "göz" denilir. İki göz oda, üç göz hangar.. gibi.

Şimdi, gözden sürmenin nasıl çalındığını anlamışsınızdır herhâlde. Ancak biz, ilâve edelim; eskiler bunun için "çalmak" değil, "çekmek" eylemini kullanmışlardır. Çünkü zamanla tersane gözlerine birer bekçi yahut nöbetçi konulmuş, buna rağmen usta hırsızlar, baraka duvarında açtıkları küçük deliklerden sürmeleri birer birer çekerek götürür olmuşlar. Zaten deyimin aslı "Gözden sürmeyi çekmek"tir. Gözden sürmeyi çalmak şekli herhâlde görme uzvumuz olan göz ile alâkalı olmalıdır. Nitekim sürme (tutya, rimel) kullananlar, onu "göze" çekerler (göze sürme çekmek), "gözden" çekmezler (Gözden sürmeyi çekmek yerine çalmak deriz.).

Bugün, deyimin tersaneyle ilgili orijinali yerine bildiğimiz göz ve sürmeyle ilgili olan anlamı ön plândadır. İhtimal ki bu şekli, hırsızın maharetini daha güzel anlatır. Evliya Çelebi bu deyimi bir kat daha katmerlendirerek şöyle kullanır: "... bir adamdı ki sürmeden gözü, ağızdan sözü çalardı."

46
HACI MANDAL MÜHRÜ

Dilimizde Hacı Mandal mührü diye bir deyim vardır; genellikle, dediğim olsun da sonu nereye varırsa varsın, makamında kullanılır. İşte bu deyimin ortaya çıkışıyla ilgili olarak da hatırımızda bir mülemma vardır.

Rivayete göre bir ramazan günü, Yeni Cami avlusundaki mühürcülerden birinin başına bir denizci dikilmiş. Gayesi mühür kazıtmak. Ancak, mühürde her şey olsun istiyor ve ısrarla;

— Yaz baba, yaz. Ben İneboluluyum. Orada bize Hacı Kara Mandal oğulları derler. Denizde bir teknem var; teknemin ardında da bir sandal bağlıdır. Bunların hepsi mühürde yer alsın ha, diyor!..

İhtiyar mühürcü bu kadar sözü bir mühür üzerine nasıl sığdıracağını düşünürken, bereket versin, o sırada yoldan geçen şair yaratılışlı biri, muhavereyi duyup imdada yetişmiş:

— Efendi baba, kaptanın istediklerini ben söyleyeyim, siz yazın:

Es-sefînetü maa's-sandal
İnebolulu Hacı Kara Mandal

Adamın söze verdiği icazı yine nazmen tercüme etmek gerekirse:

Sandalı arkasında bağlı bir gemi
İnebolulu Hacı Kara Mandal, sahibi

demek olur.

47
HALEP ORADAYSA, ARŞIN BURADA!

Vaktiyle, görgüsüzün biri kısa bir müddet Halep'te kalmış. Yurduna dönünce de yerli yersiz konuşmaya, "Ben Halep'te şöyle yaptım, böyle yaptım" gibi atıp tutmaya başlamış. Öyle ki övünmelerinden halka gına gelmiş.

Günlerden birinde, köy odasında oturulurken söz cirit oyunundan, uzun atlamadan açılmış. Bizim övünme meraklısı dayanamayıp söze girmiş:

— Ben Halep'te iken on beş arşın atladım.

Sabrı tükenenlerden biri itiraz etmiş:

— Yapma be iki gözüm, on beş arşın atlamak kim; sen kim?

— Canım ne var on beş arşında, atladım işte!

O sırada aralarında bulunan marangoz, malzemeleri arasındaki arşını çıkarıp ortaya koymuş:

— Halep oradaysa, arşın burada! Haydi atla da görelim!..

— ?!..

O günden sonra palavracı, her nerede bir kuru sıkı atsa, halk kendisine "Arşın burda!" demeye başlamış ve bu söz bir deyim olarak yaygınlaşmış. Bugün dahi, geçmişte yaptığı bir şey ile övünen; yahut yapmadığını yapmış gibi söyleyen insanlara, hâlihazır şartlar altında da aynı başarıyı göstermesi arzusunu izhar için söylenir.

Bugün, arşın yerine metrik ölçü kullanıyoruz. 68 cm. uzunluğunda bir ölçü birimi olan arşın (arşun), yakın zamanlara kadar Anadolu'da hâlâ kullanılmakta idi. Hatta Malatya ve havalisindeki illerimizde "Halep oradaysa, arşın burada!" deyiminden galat olarak arşın yerine Halep kelimesini, bir ölçü birimi gibi telâffuz ettikleri vakidir: Beş Halep kadife, sekiz Halep urgan.. gibi.

48
HAPI YUTMAK

Bir şeyin artık gerçekleşme ihtimali kalmadığı, birisinin başına gelen kötü bir hâlden dolayı iflâh olmaz mecraya girdiği, düzen ve dubaranın bozulup hakikatin ortaya çıktığı, kötülüklerin sona erdiği durumlarda "Artık hapı yuttu; hapı yuttu sayılır..." gibi ifadeler kullanırız. Bu deyim bize, Sultan IV. Murat zamanının yadigârıdır.

Sultan Murat'ın kahve, müskirat (sarhoş edici maddeler) ve mükeyyifatı (keyif verici maddeler) yasakladığı dönemde saray casuslarından biri, belki de kıskançlık sebebiyle, hekimbaşı Emir Çelebi'nin yasakları çiğnediği ve afyon kullandığına dair bir ihbarda bulunur. Hünkâr, Emir Çelebi'yi aslen çok sevmekte ve itibar etmekte, hatta kendisini sık sık sohbet için huzura çağırmaktadır. Bu ihbara önce inanmazsa da Çelebi'yi yoklamayı da ihmal etmez. Gelen habere göre Hekimbaşı kuşağı arasında bir cüradan (yudumluk; yüzük, mühür vb. küçük şeyleri muhafaza etmek üzere taşınan kutucuk) taşımakta ve afyon macununu da onun içinde saklamaktadır.

Padişah bermutat, Emir Çelebi'yi satranç oynamaya davet etmiş. Oyunun tam orta yerinde,

— Çelebi, demiş, kuşağını çöz de içinde ne varsa boşalt hele!

O dönemlerin kıyafetlerinde cep kullanılması yaygın olmadığından kalemdan, hançer, mühür, para kesesi vs. eşyalar hep kuşak içinde muhafaza olunur ve yoklama esnasında kuşak çözdürülür imiş. Çelebi, hünkârın bu emri üzerine bir ihbara kurban gittiğini ve başına gelecekleri hemen anlamış. Kuşağını çözmeden cüradanı çıkarıp satranç tablasının üzerine koymuş. Padişah, cüradanı ters çevirip mercimek büyüklüğündeki afyon haplarını tablanın üzerine boşalttıktan sonra sormuş:

— Bre Çelebi bunlar nedir?

— Islah edilip zararsız hâle getirilmiş afyon hapları hünkârım.

— Ne yaparsın bunları?

— İlâç veya panzehir niyetine hastalara veririm.

— Peki hastalara zararı olmaz mı?

— Hiçbir zararı yoktur hünkârım.

— O hâlde, yutmaya başla bakalım.

Emir Çelebi, padişahın öfkesini iyi bildiğinden, sonunun geldiğini anlayıp hiçbir şey söylemeden, gözleri yaşararak hapları bir avuçta yutmuş ve sonra satranç tablasının başından kalkarak,

— Elveda hünkârım! Devletinize zeval erişmeye, deyip kapıdan çıkıp gitmiş.

Çelebi'nin bilâhare, eve varınca kendisini tedavi etmek isteyenlere izin vermediği ve panzehir olarak hiçbir şey almadığı, hatta haplar bir an evvel kana karışsın diye de bir bardak buzlu nar şerbeti içerek dünyaya gözlerini yumduğunu tarihçiler yazarlar. Çelebi'nin, IV. Murat gibi bir hükümdarın hışmına uğradıktan sonra ölmeyi yaşamaya tercih etmiş olmasına şaşırmamak lâzımdır.

Bu hadiseyi takip eden günlerde zamanın ariflerinden biri, "Çelebi'ye ne oldu?" diyenlere "Hapı yuttu!" diye cevap vermiş.

49
HEM KEL, HEM FODUL

Dilimizde "Hem kel, hem fodul" diye bir söz vardır. Burada geçen fodul kelimesinin günümüz sözlüklerindeki karşılığı, Arapça fudul olarak gösterilmiş ve "bencil, kibirli, serkeş, yalnız kendini düşünen, her zaman kendini haklı gören, üstünlük taslayan" gibi manalar verilmiş. Kelimenin aslı fuzul'dür ve "lüzumsuz, fazla (şey veya söz)" demektir. Galiba sözlükleri hazırlayanlar, "Hem kel, hem fodul" tekerlemesine bakarak bu karşılıkları istidlâl etmiş olmalılar. Çünkü fodul kelimesini fuzul olarak okuduğumuz zaman, iki zıt anlamla karşılaşırız. Birincisi lüzumsuz ve abes; ikincisi faziletli ve değerlidir. Klâsik edebiyattan nasiptar olanların birçoğu bilirler; ünlü şairimiz Fuzulî de bu mahlâsı nasıl seçtiğini anlatırken, kelimenin iki zıt anlamını izah eder.

Malûm, eskiden saçı dökülmüş olanların "çok akıllı, zeki,

faziletli" olduklarına inanılırdı. Çok çalışmanın saçları döktüğü, bilginin de çok çalışma gerektirdiği göz önünde bulundurulursa, tarama özürlüler için neden akıllı denildiği anlaşılır. Bu durumda "Hem kel, hem fodul" sözünü olumlu bir manada anlamak gerekir. Yani "faziletli olduğu yetmiyormuş gibi, bir de kel" manasına(!). Olamaz mı yani?

Dilimizde fodla diye de bir kelimemiz vardır. M. Zeki Pakalın'a göre fodla, eskiden halk yararına kurulmuş olan imaretlerde yoksullara verilen kepek ekmeğine denirmiş. Bu ekmek yuvarlak, el ayasından biraz büyükçe ve pide gibi yassı olur; gıda değeri düşük bulunduğundan herkes tarafından "ekmeğin değersizi" olarak bilinirmiş. Eskiden av köpeklerinin bu tür fodla ile beslendiği bilinmektedir. İmaretlerin kapısından ayrılmayan o kadar insana yetmesi bir yana, pek çok medresenin de buralardan tayınlanması sebebiyle Osmanlı'nın son dönemlerinde iyiden iyiye değer kaybetmiş olan fodla, tabiri caiz ise sanki "ekmeğin kel olanı" gibi anlaşılmıştır.

Bu durumda "Hem kel, hem fodul" sözünün fodla ile alâkası olduğu da pekâlâ düşünülebilir. Yani, "sadece kel değil, aynı zamanda kalp, özsüz" manasına.*

---

* Ayrıca bkz. *Zerdeyle Zırva.*

50
HEM KEMANKEŞ; HEM ÇİLEKEŞ

Çile, tasavvufta müridin nefsini körletmesi ve dünya nimetlerine sırtını dönmesi için açlık veya diğer yollar ile imtihan ve terbiye görmesine denir. Çile, "kırk" demektir ve tasavvufta bu imtihan çoğunlukla 40 gün sürdüğü için "çileye girmek, çileden çıkmak, çilesi dolmak vs." deyimler, dilimize birer tasavvuf terimi olarak yerleşmiştir. Ancak kelimenin başka bir anlamı daha vardır ve "Hem kemankeş; hem çilekeş" deyiminde yaşar. Bu, tasavvuf yolunda olmadığı hâlde çile çeken ve acılarla yaşayan insanlar için söylenen bir deyimdir.

Tüfeğin icadından evvelki zamanların en önemli silâhının, ok ve yay olduğu muhakkaktır. Atalarımız yayın kavisli kısmına keman, yayı germeye yarayan ipe de kiriş veya "çile" demişlerdir. Çile, genellikle hayvan bağırsağından yapılır ve ince olanı tercih edilirmiş. Osmanlı askerî teşkilâtının güngörmüş askerlerinin ağzından sık sık "Çok çile çektik vesselâm! Ben az mı çile çektim karındaş! Biz ne çileler çektik!.. vs." sözler duyulduğunda aslında "kirişe asıldık" demek istedikleri; ancak deyimin diğer anlamını da ima ettikleri anlaşılırmış.

51
HOŞAFIN YAĞI KESİLMEK

Yeniçeriliğin bozulmaya yüz tuttuğu dönemlerde ocak mensupları, buluttan nem kapmaya ve her yapılan işten kendileri aleyhine bir sonuç çıkarmaya başlamışlardır. Sultan II. Mahmut devrinde baklava ikramı (baklava alayı) ramazanın 15'inde değil, bir gün gecikmeyle 16'sında yapılabilmiş ve yeniçeriler bahşişlerini bir gün geç almaktan dolayı günlerce sızlanmışlardı. İşte o devirlere ait "Hoşafın yağı kesildi" diye bir deyimimiz vardır dilimizde. Olmayacak şeylerden hoşnutsuzluk gösterip, incir çekirdeğini doldurmayacak mazeretlerle nümayişlere kalkışarak haksız yere kırgınlık beslenen durumlarda söylenir.

Vaktiyle yeniçeri ocaklarında yemek dağıtan mutfak meydancısı, işine itina göstermeyen cinsinden birisi olsa gerek, üzerinde ayet ve dualar yazılı koca kepçe ile önce yağlı yemekleri ve pilâvı taksim eder; sonra da hoşafları dağıtırmış. Böyle olunca yeniçeri ortalarına giden hoşaf bakracının üzerinde bir parmak kalınlığında kalıp gibi yağ tabakaları yüzer ve tabiî bunlar kısmetine göre karavanalara da dağılırmış. Bir gün akıllı bir yeniçeri ağası, durumu görüp meydancıyı yanına çağırmış ve:

— Bak a yoldaş! Bundan böyle kepçe temiz iken önce hoşafları dağıt. Yağlı ve sıcak yemekleri sonra dağıt ki hem soğumamış olurlar, hem de tatları birbirine karışmaz.

Meydancı, o günden tezi yok emri uygulamış. Ancak bu defa sofralara giden hoşaf bakraçlarının üzerinde yağları göremeyen yeniçeriler, kazanı kaldırmışlar:

— Hakkımızı yiyorlar, istihkakımızdan çalıyorlar. Hoşafın yağını bile kestiler. Yağlı hoşaf isterük!

Galiba şimdilerde birileri, halkın hoşafının yağını cidden kesmeye çalışıyor!

52
İKİ DİRHEM BİR ÇEKİRDEK

Giyim kuşamına özen göstermiş, şık ve süslü kıyafetleriyle dikkat çeken insanlar hakkında sık sık "iki dirhem bir çekirdek" sözü kullanılır.

Bu yakıştırma, ağırlık ölçüsü olarak okkanın kullanıldığı eski devirlerden kalmadır. Belki biliyorsunuz, bir okka, bugünkü ölçülerle 1283 gram tutar. Okkanın dört yüzde birine, dirhem adı verilir. (Şimdiki gram ile aynı birim olduğunu sanarak gram diyecek yerde dirhem denilmesi hatalıdır.) Dirhem, daha ziyade hassas teraziler için kullanılan bir ölçüdür. Ancak sarraflar, dirhemden daha hassas ölçümler için bir ağırlık birimi daha kullanırlar. Buna çekirdek denir ki toplam, 5 santigram karşılığıdır.

Eski devirlerin en kıymetli parası olan bir Osmanlı altını, toplam iki dirhem ve bir çekirdek ağırlığa sahiptir. Bu durumda süslenmiş kimselere, iki dirhem bir çekirdek yakıştırmasında bulunanlar, mecaz yoluyla onlara altın demiş olurlar ki bizce pek zarif bir nüktedir.

53
İPE UN SERMEK

Kendisinden bir hizmet beklenen veya verilen görevi yerine getirmesi umulan kişilerin, çeşitli bahaneler öne sürerek yavaş davranmaları yahut işin yapılmasına engel olmaları hâlinde söylenen bu deyim, Nasrettin Hoca'ya atfedilen bir hikâyeden kaynaklanır.

Rivayete göre, Hoca merhumun bir komşusu varmış. Ödünç aldığı eşya yahut araç gereci geri getirmekte ihmalkâr davranır, unutturabilirse hiç geri getirmez, yahut o kadar hoyrat kullanırmış ki, ne alırsa bozuk, kırık, delik, kopuk, sakat olarak iade edermiş. Hoca bu komşusuna, önceleri hatırını sayarak bir şey söyleyememişse de içten içe öfkelenip artık ödünç bir eşya vermemeye ahdetmiş.

Ertesi gün, komşusunu kapıda görünce, "Tamam, demiş içinden, bu sefer ne istese vermeyeceğim."

Adam her zamanki pişkinlikle,

— Hocam, demiş, urgan lâzım oldu, sizinkini ödünç alabilir miyim?

Hoca, derhâl bir mazeret uydurmak için zihnini kurcalamışsa da aklına bir çare gelmemiş. O sırada hanımının un elemekte olduğunu görüp,

— Kusura bakma komşu, bizim hanım urgana un serecek.

— Aman hocam, hiç ipe un serilir mi?

— Vallahi komşu, vermeye gönlüm olmayınca ipe un da serilse yeridir!

54
İPİN UCU

Sonucu başkalarının kararlarına bağlı olan bir işten umut kesildiği, yahut olumsuz netice alınacağı belli olduğu vakit, avamdan insanların dilinden "İpin ucu p.şt elinde" diye bir söz işitilir. Hemen her devirde geçerliliğini koruyan bu ifadenin hikâyesi şöyledir:

Vaktiyle medreseden icazetname alan mollalardan birisi, memleketi olan Bursa camilerinden birine imam tayin olunmuş. Vazifeye başladığı hafta, ilk cuma hutbesini okuyacak olması kendisini biraz heyecanlandırmış olsa gerek, minbere çıkmadan evvel eski arkadaşlarından, kıdemli birisiyle anlaşmış ve,

— Azizim, demiş, ben minbere çıkarken ayak bileğime bir ip bağlayacağım. Sen de gelip minberin dibine otur, beni kontrol et. Eğer heyecanla yanlış bir kelâm edecek, bir yeri hatalı okuyacak olursam ipi çekerek beni ikaz edersin. Ben hemen durumu anlar, hatamı düzeltirim.

Dediklerini yaparlar ve genç imam minbere çıkar. Diğeri de uygun mahale mevzilenir. Hamdele, salvele derken tam hutbe metnine gelinir ve imam "Kâle'n-Nebî (Resulullah buyurur ki)..." diye başlar. O sırada cemaatten biri, kendisine oturacak yer ararken yanlışlıkla ipe takılmasın mı?!.. İmam şaşırdığını sanarak okuyuşunu değiştirir ve "Kıyle'n-Nebî..." diyecek olur. Bu sefer arkadaşı onun yanlış olduğunu görüp ipi çeker. İmam yine değiştirir ve "Kûle... " diyecek olur. Artık cemaat gülmeye başlamıştır. Genç imam, önce ne yapacağını bilemez. Bakar ki başka okuma şekli de kalmamış. Üstelik dost bildiği arkadaşının da kendisine oyun oynadığını sanıp içerlemiştir.

— Ey cemaat-i müslimin! Ben de biliyorum ki bu "Kâle'n-Nebî" idi ve size çok güzel şeyler anlatacaktım. Ne yapayım ki ipin ucu pu.t elinde... Varın doğrusunu ondan sorun, deyip minberden iner.

55
İPSİZ SAPSIZ

Şimdi olduğu gibi eskiden de Anadolu'dan İstanbul'a çalışmak üzere adamlar gelir, bunların çoğu da herhangi bir mesleğe sahip olmadıklarından ya hamallıkla, yahut kazma kürekle çalışarak işe başlarlarmış. Bunların içinde öyleleri olurmuş ki hamallık yapmak için ne bir ipleri, amelelik yapmak için de ne bir kazma veya kürekleri bulunurmuş. Bir ip veya tutacak bir sap sahibi olmayan bu kişiler için söylenen ipsiz sapsız deyimi de meslek sahibi olmamakla birlikte, bir işe güce de yaramayan adamlar hakkında tahkir anlamında kullanılmıştır. Hâlen haylazlık eden, herhangi bir geçim vasıtası peşinde olmayan sorumsuz insanlar için bu deyimi kullanırız. Hatta daha ileri giderek "İpe sapa gelmez herifin biri!" dediğimiz de olur.

56
KABAK BAŞINDA PATLAMAK

Eskiden, su kabaklarının (susak) içine uzun müddet muhafaza maksadıyla muhtelif cinste sıvılar konurmuş. Su, yağ, şarap vs. Şimdiki gibi kristal kadehler, billûr şarap sürahileri, estetik içki şişelerinin bulunmadığı dönemlerde cebinde yahut cübbesinin altında şarap testisi taşımak gibi bir yük altına girmek istemeyen haylazlar için her yerde mebzul olan su kabağı çok cazip olacaktır. Bir defa çok hafiftir, kolay taşınır. İkincisi bahçeden istenilen ebada gelince koparıp işleme koyma imkânı vardır. Dahası, şöyle zevke göre de süslenebilir. Söz gelimi rengârenk boyanabilir, çizgi desenlerle nakış geçilebilir, servi boylunun temsilî resmi işlenebilir, yahut da bir yeniçeri, pazusundaki dövmenin aynısını üzerine nakşedip ona damgasını vurabilir, patentine geçirebilir. Hele, yavrulamış gibi iki boy kabağı birbirine bağlayarak birini kadeh, diğerini sürahi olarak da kullanabilir, nakışlarıyla da birbirine takım yapabilir. Kişi, biraz da varlıklı ise üzerine mücevherat kakmalar koydurabilir, boyun kısmını murassa işlemelerle donatıp dostlarına caka satabilir.

Bütün bunlar su kabağının kıymetini artırırsa da onun asıl değerini rint meşrepli insanlar bilir. Zira o; meyhaneye gitse ona, kırlara gitse yine ona muhtaç olduğunun farkında. Hele şöyle bahar gelip gül mevsimi de başlamış, meclis-i mestanın kurulma çağları gelmişse... Ne var ki bu kabağı gizli taşımak gerekir. Bu durumda kabağı saklamanın iki yolu vardır: Tıpayı sıkıca kapayıp ırmağa yatırmak veya ağaç dalları arasına kefenlemek veya onu yer altında ve izbe mahallerde kurulmuş Galata meyhanelerine istiflemek. Üstelik buralarda kabaklar, artık saklı değil, şimdiki meyhane, bar ve cafe'lerde içki şişelerinin sıra sıra vitrinlendiği gibi raflara boy boy dizili veya asılı durumdadır. Küpler, fıçılar yanında kıymetli ve yıllanmış (sad-sale) şaraplar bu kabaklarda müşteri beklemektedir. Dahası, içeriye giren külhanbeyi yahut bıçkın, yatağanını çıkarıp hangi kabağın ipini keserse o kabağı peylemiş, o akşam içindekini bitirmeye ahdetmiş demektir. Artık o, kabağın içindeki şarap ile meyhane köşesinde tekrar be tekrar yıkılıp kalmaya razıdır. Üstelik biraz sonra siniler kurulmuş, kabak kabak şaraplar, tabak tabak mezeler taşınmaya başlanmış olacaktır. Bir, iki derken, kapının hızlı hızlı vurulup ases veya zabıta baskınına uğranılması işten değildir. Gizli kapısı olan meyhaneler bile bu durumda, fazla tekin sayılmayacaktır. Zira, gizli kapının çıkışında da birkaç şahne (gece bekçisi) onları beklemektedir. Bu sebeple kimse yerinden kıpırdamaz ve kapı açılır. İçeriye giren asesler, ayyaşları bir iki payladıktan sonra fıçıları kırmaya, küpleri devirmeye ve nihayet dizi dizi asılmış şarap kabaklarını alıp meyhaneci ile miçoların başlarında paralamaya başlarlar. Gayrete gelip araya giren müşteriler de kabaktan nasiplerini elbette alacaklar ve kabak onların da başlarında patlamaya başlayacaktır.

Meyhanede kabağın patlaması için ases baskınına gerek duyulmadığı hâller de vakidir. Yeter ki bir öfke fırtınası patlamayagörsün. Nitekim içkili mekânlarda hır gür eksik olmayacağından sık sık vuku bulan sarhoş kavgaları, bugün dahi görülen şeylerdir. Bu durumda kavganın tarafları, kendilerine en yakın olan kabağı alıp diğerine vurmak isteyecek, onları ayırmaya çalışanlar da elbette kafalarına bu kabağı yiyeceklerdir. Öyle ya, adam ayakta zor dururken elindeki kabağa nasıl hedefi buldurtabilsin. İşte böyle, kurunun yanında yaşın da yandığı ve birkaç kişiyle görülen bir işten en masum olanın sorumlu tutulduğu hâllerde, zavallının biri "Kabak benim başımda patladı!" diye yakınacaktır.*

* Ayrıca bkz. *Kabak Tadı Vermek.*

57
KABAK TADI VERMEK

Genç ve şehirli nesil, bu cümlemizden hiçbir şey anlamayacaktır eminiz. Zira onlar kabağı, neuzübillah ağaçta yetişir sanırlar. Hele kabağın çeşitleri olduğuna dair hiç akıl yormamışlardır. Sofrada tatlı tatlı yedikleri kabağın "bal kabağı" olduğunu, kara kabaktan nefis börek ve bükmeler yapıldığını düşünmemişlerdir hiç. Bu durumda, tabiî ki su kabağının ne menem bir şey olduğunu da onlara tarif etmek gerekir.

Efendim, su kabağı, bostan cinsinden olup yerde sebze gibi büyüyen, karpuzu andıran kurs'u ucunda da kart hıyar büyüklüğünde boyun kısmı bulunan bir tür sebzedir. Özelliği, dalında uzun müddet bekletilince içinin git gide koflaşması ve hafiflemesidir. Şekil itibariyle çini vazolara, yahut çocukların henüz tamamını şişirmeye nefesleri yetmemiş yarı şişkin şerit balonlara benzer. Dış yüzeyi pürüzsüz olduğu için aşınmış araba lâstikleri de bu yüzden "kabak" tabir olunur.

Su kabağı olgunlaştığı zaman kutru 35-40 cm.; boyun kısmı ile birlikte uzunluğu da 80 cm.'yi bulur. Ancak küçük boyda olanları daha kibardır ve kudemanın ev hanımları tarafından kullanımları tercih edilmiştir.

Eski insanlar, sıvı maddelerin taşınması ve nakli için testiler yaparlarmış. Şimdi müzelerde görüp de ne işe yaradığını pek kestiremediğimiz anforalar, aslında sıvı maddelerin ticarî nakli için kullanılmışlardır ve özellikle gemilerin sintinelerinde iki üç sıra istiflenmiş olarak taşınırlarmış. Bu itibarla, günümüzün tankerleri yerine eskiden sürülerle anfora yüklemesi yapılmak zorundaymış. Su kabağı da tıpkı anfora gibidir ve hemen hemen aynı amaçlarla kullanılmıştır. Ancak daha önce onları tarladan toplamak, kurutmak, boyun kısımlarının ucundan kesip içlerindeki lifleri bir müddet ıslak tutmakla yumuşatıp temizlemek ve nihayet ağzına bir tıpa uydurmak gerekecektir. Böylece kabak kullanıma hazırdır. İçine ister su, ister sirke, ister zeytinyağı, ister susam doldurunuz; yahut ister tas, ister maşrapa, ister sürahi, isterse erzak kesesi yerine kullanınız, artık o sizin tercihinize kalmıştır. Amma eğer kabağı dalından kopardıktan sonra, güneş altında yeterince kurutmamış ve içinin liflerini iyi temizlememiş iseniz, içine ne koyarsanız koyunuz, uzun müddet beklemeden dolayı kabağın çeşnisi o maddeye sinecek ve böylece "kabak tadı" vermesi kaçınılmaz olacaktır. Binaenaleyh, su kabağını dikine ortadan yararak maşrapa veya hamam tası olarak kullandığınızda kabak tadı vermesi ihtimali yoktur. Dilimizdeki kabak tadı vermek deyimi, bu uygulamadan kinaye olarak, uzun müddet ısrarcı olunan işlerin git gide yozlaşması ve bıkkınlık vermesini anlatır.*

---

* Ayrıca bkz. *Kabak Başında Patlamak.*

58
KALIBI DİNLENDİRMEK

Ölüm karşısında insanoğlu daima duyarlı olmuş ve bu kaçınılmaz hakikati ifade etmek için pek çok kelime, deyim ve mecaz kullanmıştır. Ölümü anlatmak bakımından dünyanın en zengin dili belki de Türkçedir. Türk vicdanı, ölen kişinin iyiliği yahut kötülüğü karşısındaki duygusunu onun ölümünü anlatabildiği kelimelere yüklemiş ve buna da tebcil yahut tahkir duygularından birini sindirmiştir. Böylece, ölen kişinin şahsiyeti, toplum içindeki yeri, adil veyâ zalim oluşu gibi özellikler, ölümü anlatan kelimelere de yansımıştır. İyi bir kul için "Rahmete kavuştu, Hakk'a yürüdü, vuslata erdi..." gibi ifadeler kullanan halk, kendisine zararı dokunmuş kişiler için de "Mortu çekti, tahtalı köyü boyladı, kaykıldı, kalıbı dinlendirdi, temize havale olundu..." gibi mecazlar bulmuştur. Bunlar içerisinde en ziyade ironi taşıyan "kalıbı dinlendirmek" deyimini vaktiyle bir fetva örneğinde görmüş ve hayrete düşmüştüm. Hatırladığım kadarıyla, eski zamanlarda halkı canından bezdirip pek çok insanın ahını almış birisi, vefat etmiş. Ölüsünü toprak kabul etmez diyerek cenazeyi kaldırmak üzere kimse yanaşmayınca halk kerih kokudan galeyana gelip müftü efendiye müracaatla, müftü efendi cenaze sahiplerine hitaben bir fetva yazıp göndermiş. Fetva metni, aşağı yukarı şöyle idi:

> Lâbis-i libâs-ı katranî, hamil-i tac-ı şeytanî, sırığ-ı levayık-ı devranî, isyan-ı Hakk ile hüsranî bir herîf-i na-şerîf-i hımarî ve şaribü'l-leylî ve'n-neharî, amel-i mekruhesin gaseyan ve fikr-i fasidesin hezeyân ile kalıbı dinlendirip mürd ü itlâf olduğu bahaber-i faside kanailiyle cihana yayılıp halk-ı cihanın bedduayı makbulesi galeyana gelmek ve taaffün-i lahm-i kerîhi mümin ü müminat içün bais-i zuur ve hafazanallah avdet-i hayat ihtimalî fikirden dûr olunmayarak 'ilâ cehennemi zümera' bir çukura def edilmesine zinhâr müsaraat kılına ve dahi kimesne mümanaat etmeye. Vakta ki lâşe-i mezburesin zir ü zemin kabul etmezse ol bapta tecdid-i fetva kılına.

Allah insanların sonunu hayır eylesin! Akıl sahipleri için bu fetvada ibretler vardır.

59
KARAKUŞÎ HÜKÜM

Salahattin Eyyubî'nin maiyetinde bulunan emirlerden birinin adı Bahaettin b. Abdullah el-Esedî idi. Aslen Anadolulu olan Abdullah, hadım bir hizmetkâr iken efendisi Şirkuh tarafından azat edilmiş ve devlet kademesinde yükselerek saray nazırlığı görevinde bulunmuştur. Bu esnada, sarayın rakip saltanat ailesini kontrol ve muhafaza ile memur edilmiş ve bu görevini o kadar şiddetle yerine getirmiş ki çoğalmasınlar diye saltanatın erkekleri ile kadınlarının bir arada bulunmalarını bile yasaklamış. Mamafih, sonraları Salahaddin'in hizmetine girince, Kahire civarında imar faaliyetlerine girişmiş ve onun vefatından sonra da oğlu Melik Osman'ın hizmetinde bulunarak atabeylik makamına kadar yükselmiştir. Pek çok tarihî kaynağın takdirle andığı Abdullah el-Esedî adlı bu vezirin asıl lâkabı Karakuş'tur.

Tarihte, ahmaklığın müşahhas timsali olarak adı anılan bir Karakuş daha vardır. O da aynı asırda yaşamıştır. Bazı araştırmacılara göre her iki Karakuş, aynı kişidir. Çünkü ahmaklığı söylenen Karakuş'un asıl şöhreti, verdiği hükümlerdedir. Hâlâ halk arasında dolaşan Karakuşî hüküm deyimi, onun hatırasını yaşatır. Yine o devirlerde yazıldığı sanılan, ancak bilinen nüshaları daha sonraki yüzyıllara ait olan *Kitabü'l- Faşuş fi Ahkâmi Karakuş* adlı eserde, bu tür saçma hükümler toplanmış vaziyettedir. Söz konusu kitapta Karakuş bir hükümdar, yahut bir hâkim olarak anılır. Bu özellik, yukarıda adı anılan her iki Karakuş'un aynı kişi olduğu hususunda, tarihçileri yanıltmış olabilir. Her ne kadar dünyanın pek çok milletine mensup Karakuşî hükümleriyle bilinen ironi ustaları var ise de bazı araştırmacılar bu kitabın, Karakuş Abdullah el-Esedî aleyhine uydurulmuş hikâyelerden ibaret olduğunu söylerler ve her iki kişiyi bir tek tarihî şahsiyet olarak gösterirler. Her ne hâl ise!.. Bizce önemli olan, Karakuş'un Nasrettin Hoca'dan apayrı bir kişilikte ve İncili Çavuş-Bekrî Mustafa tiplemesine yakın bir tarzda Türk ironi zekâsının zirvesi olarak karşımıza çıkmasıdır. Karakuş, en olmayacak zamanlarda en olmayacak kararları vererek toplumun, içinde bulunulan durumdan daha beter hâlleri göz önüne getirmesini sağlayarak, insanların hâllerine şükretmelerini sağlamasını bilir. O, ihtiyar ve gün görmüş edasıyla; biraz meczup ve yarı kaçık kişiliğiyle; kanun ve kaideye, akıl ve hikmete uygun olmayan zalimane kararlarıyla toplum arasında her devirde var olan adaletsiz uygulamaları üstlenir. Karakuşî karar sözü, bu yüzden dilimizde bir mesel hükmünde yaşar. İşte onun kararlarından, günümüzde de benzerlerine sıkça rastladığımız birkaçı:

Bir gün uzun sakallı iki kişi tüysüz bir adamı Karakuş'un huzuruna getirirler:

— Efendim, bu herif bizim sakalımızı yoldu, diye şikâyet ederler. Karakuş adamlarını çağırıp hükmünü verir:

— Bu adamın sakalı gelinceye kadar her üçünü de hapsediniz. Suçlunun sakalı gelince, müştekiler de onun sakalını yolsunlar.

⁂

Bir gün Karakuş'un huzuruna iki adam getirip birinin, diğerinin gözünü çıkardığından şikâyette bulunurlar. Karakuş kısasa hükmeder ve öbürünün de gözünün çıkarılmasını emreder. Bu sefer Karakuş'un adamları araya girip,

— Aman efendim, bu bizim konağın terzisidir. Gözsüz kalırsa işe yaramaz, affediniz, derler. Karakuş biraz düşünür ve şöyle der:

— Kale kapısı haricinde avcılık eden bir adam vardır. Bunun yerine onun gözünü çıkarsınlar. Avcıya bir tek göz yeter.

⁂

Bir gün huzura elleri bağlı bir adam ile bir ceset ve bir de öküz getirip şöyle derler.

— Ya Emir! Bu ceset canlı idi. Şu öküz ona hücum edip öldürdü. Şu elleri bağlı adam da öküzün sahibidir. Yüksek kereminizle ölünün hakkını alıveriniz.

Karakuş elini sakalına götürüp bir müddet düşünür. Sonra der ki:

— Öküzün karnını yarıp öldürün; sahibini de serbest bırakın.

— Aman yüce emir, bu hüküm adalete muvafık değildir.

Karakuş öfkeyle bağırır:

— Halt etmeyiniz. Bu dava Firavun zamanında da olsa, benim verdiğim gibi hükmedilirdi. Şimdi bir öküz için bir adam mı öldürelim yani!?..

Karakuş'un hikâyeleri bu kadarla bitmez. Karakuş tıynetli insanlar var oldukça, Karakuşî hükümler de daima uygulanacaktır. Çevrenize bakınız, televizyonları izleyiniz, bazı gazeteleri okuyunuz. Baştan sona Karakuşî hükümlerle dolu olduğunu göreceksiniz. Sakın, başınıza gelirse hayıflanmayınız. Dünya, hep aynı dünyadır.

60
KARAMAN'IN KOYUNU

Şair Necati Bey bir beytinde,

> *Demişti öldürem seni ferah bu tîğ-ı hışm ile*
> *Dirîgâ ahdine durmaz, sanasın Karamanlıdır*

> O sevgili bir gün demişti ki:
> — İçin ferah olsun, işte seni şu gamze kılıcımla öldüreceğim. Yazık, yazık ki bu ahdinde durmuyor; sanırsın ki Karamanlıdır.

der.

Burada sözünde durmayan sevgilinin, Karamanlı olarak gösterilmesindeki ince nükteyi anlamak için önce şu satırları okuyalım:

Hadise II. Murat ile Karamanoğlu Mehmet Bey arasında geçer. II. Murat, bir sulh muhaveresi için huzurunda bulunan Karamanoğlu hükümdarından, bundan böyle Osmanlı ile iyi geçineceğine dair söz ister. Karamanoğlu elini kalbinin üstüne vurarak birkaç defa yemin eder:

— Bu can bu tende bulunduğu müddetçe, soyumdan bir daha size muhalefet olunmayacaktır.

Oysa çok geçmeden Karamanoğlu yine Osmanlı'ya karşı ordu tedarikine başlayacaktır. Çünkü o yemini ettiği sırada cübbesinin göğüs cebinde, yani tam da eliyle vurduğu yerde bir güvercin saklıdır ve huzurdan ayrılır ayrılmaz güvercini uçurup,

— İşte bu can bu tenden ayrıldı, yeminin hükmü kalmadı, diye parlak zekâsı ile övünecektir.

Eskiden dilimizde, verilen sözde durulmadığı zamanlarda söylenen "Karamanoğlu gibi, akşam verdiğini sabah alır." yahut "Karaman bahşişi gibi" diye iki söz var imiş. Meğer bu sözlerin ortaya çıkması için Karamanoğullarının birkaç ahdşikenliği vuku bulmuşmuş. Rivayete göre şair Karamanlı Nizamî, zaman zaman Karamanoğlu Mehmet Bey'in meclisine katılır, şiirler okur, caizeler alırmış. Bir defasında yine sohbetler edilmiş, şiirler okunmuş, bu arada Nizamî de Mehmet Bey için uzunca bir kaside inşat eylemiş. Mehmet Bey, biraz da çakırkeyf dinlediği bu kasideyi çok beğenip şaire şöyle demiş;

— Sana caize olarak falanca filânca köylerin mahsulatını bağışladım, helâl olsun.

Elbette ki şair o geceyi sevinçle geçirir ve ertesi gün bu ihsanın fermanını almak üzere huzura çıkar. Ancak Mehmet Bey, akşamki cömertliğini unutmuş görünür ve şairi başından savmak üzere bir kese akçe uzatıp,

— Canım şair, der, ben akşam esriklik ile, aklım başımda olmayarak bir halt yemişim, sen şimdilik şununla iktifa eyle.

Nizamî kendini kaybeder ve cevabı yapıştırır:

— Haşa sultanım, akşam yediğiniz gülbeşeker idi; asıl haltı şimdi yediniz.*

İmdi, dilimizdeki "Karaman'ın koyunu sonra çıkar oyunu" sözü daha bir anlam kazanıyor. Anlattığımız Karamanoğulları ile şimdiki Karaman halkının, seciye yönünden artık bir alâkası olmadığını düşünüyoruz.

---

* Buna benzer bir hikâyenin eski Acem şahlarından birinin başından geçtiği ünlüdür. Sanırız, Nizamî bu hikâyeyi bildiği için taşı gediğine koymuştur. İbnülemin, *Son Asır Türk Şairleri*'nde aynı türde bir muhaverenin Yusuf Kâmil Paşa ile şair Nihat Bey arasında da geçtiğini yazar.

61
KAŞ YAPARKEN GÖZ ÇIKARMAK

Masumane işlenmiş bazı hatalar vardır; hani birisine iyilik yapayım derken zararı dokunmak, iltifat edeyim derken karşısındakini gülünç duruma sokmak, saygı göstereyim derken aşağılamak gibi. Tamamen iyi niyete bağlı bu tür hatalar için dilimizde "kaş yaparken göz çıkarmak" denir.

Resmî tatilin cuma günleri yapıldığı eski toplumumuzda, düğünler de bu güne rast getirilir ve perşembe akşamından da gelin hanım süslenirmiş. Kuaförlerin, güzellik salonlarının, moda evlerinin bulunmadığı o zamanlarda gelini süsleyen hanımlara meşşata, kalemkâr veya yüz yazıcı; bu faaliyete de koltuk merasimi denilmiştir. Koltuk merasiminin hanımlara has eğlenceleri olur ve bir tür kına gecesi gibi çalınıp oynanılır, gülünüp eğlenilir imiş.

Böyle bir koltuk merasiminde kalemkâr kadın, konağın sofasında eğlenen davetliler arasında gelini oturtmuş dizinin dibine ve başlamış sanatını icra etmeye. Saçlar, dudaklar, yanaklar, derken sıra yüz yazmanın en nazik yerine, yani kaşlara gelmiş. Kalemkâr önce cımbızla fazla tüyleri almış, kaşı boyayıp inceltmiş ve özel kalemiyle şekil vermeye başlamış. Olacak bu ya, tam o sırada, ortada oynamakta olan yengelerden birinin ayağı kaymış. Kadıncık yere yuvarlanmayayım derken kalemkârın dirseğine indirmiş tekmeyi. Elindeki sert uçlu kalem de gelin hanımın gözüne bir ok gibi saplanmış. Feryatlar, bağırış-çığırışlar ile düğün evi birden karışıvermiş. Acele hekim çağrıldıysa da nafile, gelin hanım ömrünün geri kalanını bir gözü kör yaşamış.

O günden sonra kalemkâr, bir daha hiçbir gelin yüzü yazmaya çağrılmamış. Hatta adı anıldıkça, "Ha! Kaş yaparken göz çıkaran kadın mı?!." diye de şöhret bulmuş.

Bu deyimin "Çam devirmek" ile bir yakın anlamı var ise de çam devirmekte, hatayı işleyenin hamakati ve cahilliği ön plândadır. Yani bilmezlikle işlenen hatalar için çam devirmek deriz; ama istemeyerek yapılan hatalar için kaş yapayım derken göz çıkarmayı kullanırız.*

---

* Ayrıca bkz. *Çam Devirmek.*

62
KAŞIK DÜŞMANI

Anadolu'da hâlâ bazı adamların, eşlerinden bahsederken şaka yollu "(Bizim) kaşık düşmanı" diye söz ettiği yerler vardır. Dinleyenler, adamın bu ifadesiyle zevcesinden bahsettiğini anlarlar. Bu sözde kadına bir hakaret kastı yoktur. Hatta belki kocasının, bu söz ile eşine karşı sempatisini ifade ettiği bile söylenebilir.

Vaktiyle, fakirliğin kol gezdiği, insanların da lüks merakına kapılmadıkları bir dönemde kadınlar arasında şöyle bir yanlış kanaat dolaşır imiş:

— Eğer bir adam refaha erer, zenginleşirse ikinci bir hanım almak için arayışlara girer. "Borç, yiğidin kamçısıdır" denilir ya hani, erkeğin de eğer borcu biterse ayranı kabarır. Onun için kocanın yoksulluğunu daima kendisine hissettirmek lâzımdır. Bunun en kolay yolu da sofradan geçer. Evde iki kaşık var ise birini kırmak lâzımdır ki bey geçim derdinden başka bir şey düşünmeye fırsat bulamasın; yuvasına bağlı olsun.

Bu fikrin bugün için ne kadar tutarsız olduğu açıktır. Sanırız, vaktiyle de iş görmemiş olmalı ki uyanık kocalar, hanımlarından "kaşık düşmanı" diye söz etmeye başlamışlar.

Sanırız buradaki kaşık bir semboldür ve ihtiyaçtan fazlasını elde tutmak yerine tasadduk etmek gerektiğini, gönül rızasıyla tasadduk edilmeyince (veya zekâtı verilmeyince) başka yollardan zarara uğranılacağını (kadının kazara iki kaşıktan birini kırması gibi), oysa rıza ile verildiği takdirde yuvaya ağız tadı, mutluluk ve bereket geleceği anlatılmak istenmektedir.

63
KEÇİLERİ KAÇIRMAK

Asabî davranışlar sergileyen, sinirsel bunalıma girmiş gibi saldırganlaşan veya aklî dengesini yitirmiş gibi davranan kişiler hakkında keçileri kaçırdı, deriz. Bu deyimin, Burdur yöresinde ortaya çıktığı sanılmaktadır. Bu yöredeki İnsuyu mağarası bilinmezden evvel, bir çoban civarda keçi sürüsünü güdüyormuş. Keçilerin öğlen sıcağında, suya yakın bir gölgelik yerde uyutulup dinlendirilmesi âdettendir. Bu sırada çoban da biraz istirahat etmiş ve sabahın erken vaktinden itibaren keçi sürüsüyle birlikte dağ bayır dolaştığı için dinlenmiş olur.

Keçiler, bilindiği gibi çevik ve haşarı hayvanlardır. En olmayacak kayaların tepesine çıkar, hoplayıp zıplayarak en sarp yerlerdeki otlara bile ulaşırlar. Hatta bu yüzden, sarp ve dar yollara keçi yolu tabir olunur.

Burdurlu çoban her zamanki güzergâhının aksine o gün, İnsuyu bölgesinde keçilerini yaylıma salmış. Ne var ki öğle sıcağı bastırdığı hâlde keçileri sulayacak bir su bulamamış. Çaresiz, sürüsünü bir ağacın gölgesinde istirahate salıp kendisi de uykuya dalmış. Ağacın gölgesine sığamayan keçiler iyiden iyiye susayıp su aramak üzere kendilerince bir yol bularak İnsuyu mağarasına girmişler. Meğer, bu mağarada yağmur sularından oluşmuş göletler, kar suyu birikintileri varmış. Çoban uyandığında, bir de bakmış ki ortalıkta sürüden bir eser yok. Çevreyi araştırmış, orayı burayı yoklamış ama nafile.

— Eyvah, demiş içinden, keçileri kaçırdık, şimdi sürü sahiplerine ne derim! Koskoca sürü nereye gider? Köylü beni öldürür alimallah.

Bu düşünceler içinde aklına gelen bütün yerlere tekrar tekrar bakmış. Mağaradan haberdar olmadığı için de çaresiz, köye dönmüş. Ancak görevini ihmal ettiği için aklından bin bir türlü düşünce geçiyor, önüne gelene, keçileri kaçırdım, şimdi ben ne yapacağım diye soruyormuş. Çobanın bu çaresizliği köylüleri de şaşkına çevirmiş ve hep beraber sürünün kaybolduğu yere gitmişler. Bir de ne görsünler, sürü kendi kendine otlamaya devam ediyor. Meğer öğlen sıcağında mağarada dinlenip suyunu içen keçiler, sonra yine yayılmak üzere dışarı çıkmışlar. Sürüyü sayan köylüler sayının da tam olduğunu görünce, durmadan keçileri kaçırdım diye sayıklayan çobanın delirdiğinden veya bir düzenbazlık peşinde olduğundan şüphelenmeye başlamışlar. Sürüye yeni bir çoban tutmuşlar. Lâkin birkaç gün sonra yeni çobanın başına da aynı olay gelmiş. O da keçileri kaçırdım diyerek, köye dönmüş. Bu sefer köylüler bölgeyi araştırmaya karar vermişler ve şimdiki İnsuyu mağarasını bulmuşlar. Ondan sonraki zamanlarda, keçilerini kaçırmayan çobanların bu mağarada öğle istirahati yapmaları gelenek olmuş. Keçilerini kaçıran çobanların deli divane hareketleri de sinir krizlerine girerek ne yaptığını bilmeyenler için bir benzetme olup, bu deyim dilimize yadigâr kalmış.

64
KIRK YILLIK KANİ, OLUR MU YANİ

Uzun süre belli bir üslûp üzerine hareket eden insanların, birdenbire değişmeleri ve eski tavırlarının tersini yapmaları çok zordur. Bu deyim böyleleri hakkında söylenir.

Divan şairlerinin önemlilerinden sayılabilecek Tokatlı Ebubekir Kani Efendi (ö.1792), gençliğinde hacegân sınıfına dahil olup devlet hizmetinde görev almıştır. Kırk yaşına kadar Tokat Mevlevîhanesinde hizmet gören Kani, Hekimoğlu Ali Paşa'nın Trabzon valiliğinden dönüşünde onun maiyetine girip İstanbul'a gelerek divan kâtipliğine atandırılmış, paşanın, sadrazamlıktan ayrılması üzerine de Silistre valiliğine gönderilen bir zatın divan kâtibi olarak Rumeli'ne geçmiştir. Nesirdeki (düz yazı) başarısıyla bilinen Kani hoşsohbet, latifeyi seven, biraz da hicve meyilli bir yaratılışa sahipti. *Şathiyat* ile *Hırrename*'si, bu alandaki başarısına delildir. Latifeciliği ölüm döşeğinde de sürecek kadar ileri olan Kani, "Ben Fatiha dilencisi değilim, mezar taşıma fatiha yazmayın!" diye bir nükte söylemiş, ölümünden sonra mezarını yaptıranlar da bunu bir vasiyet gibi uygulayıp şakasına karşılık vermişlerdir. Şimdi, Eyüp Sultan Mezarlığı'nda bulunan kabrinin şahidesinde Fatiha ibaresi yoktur.

Kani, Silistre'deyken Voyvoda Alexander'ın yanında özel sekreter olarak da hizmet etmiş ve o sıralarda genç bir Rum dilberine gönlünü kaptırmış. Yaşı elliye yaklaşan Kani'nin aşkı da o derece olgun çıkmış ve güzel kız da onu sevmiş. Ne var ki kız bir papaz sülâlesinden gelmekte ve tutucu bir hayat yaşamaktadır. Kani, dillere destan olan aşkını mutlu sona erdirmek için kıza evlenme teklif ederse de nafile, kızın ailesinden zinhar olmaz cevabını alırlar. Aşkları bu sefer acıya dönüşür. Sonunda kızın aklına bir çare gelir; Kani'nin Hıristiyan olması. Bu çare üzerine, kızın babası evlenmelerine razı olur ve bir gün Voyvoda'yı ziyarete gittiğinde konu açılır, Kani Bey'i yanlarına çağırırlar. Papaz efendi teklifi yapar:

— Kani Bey, bir şartla kızımı sana vereceğim, hemen şimdi dinini değiştirip Hıristiyan olursan!..

Kani Bey'in zihninde şimşekler çakar. O yörelerde sıkça kullanılan Yani adını hatırlayarak der ki:

— Yapmayın papaz efendi, kırk yıllık Kani, hiç olur mu Yani?!.

65
KIRKINDAN SONRA SAZA BAŞLAMAK

40 rakamı, hemen bütün toplumlarda önemli bir sayıdır ve genellikle olgunluk ifadesi için kullanılır. Bugün "Kırkından sonra saz çalmaya başlayanı teneşir paklar" şeklinde kullanılan yukarıdaki deyimin aslı "Kırkından sonra saza başlayanı teneşir paklar" şeklinde olup içinde "çalmak" eylemi geçmez. Çünkü buradaki saz, bildiğimiz bağlama yahut müzik aletlerinden biri değil; "sazlı sözlü eğlence meclisi"dir. Daha yakın zamanlara kadar gazinolara "saz" denir ve "saza gitmek" içkili eğlenceye gitmeyi ifade ederdi. Son zamanlarda bir şarkı sözünde "Saza niye gelmedin; söze niye gelmedin?" şeklinde anılan saz, "eğlence meclisi"nin, söz de "sohbet meclisi"nin karşılığıdır. Eskiden pek çok şehirde, adı "saz" olan içkili salaş gazinolar olduğu malûmdur. İstanbul'da, Sirkeci tren istasyonunun yakınında, şimdi Merzifonlu Kara Mustafa Paşa adına ih-

ya olunan camiin yerinde, eskiden böyle ucuz ve pespaye bir saz bulunduğunu hatırlıyorum. Meğer, 1940'lı yıllarda buradaki cami çalınıp yerine saz açılmışmış. Tren bekleyen yolcular oyalansın diye!..

Saz için şimdilerin barlarını yahut daha ziyade ayak takımının gittiği konsamatrisli ucuz gazinolarını hatırlamak yeterlidir. Ancak, geçmişimizin sazlarında kadın ticareti de yapıldığından, "saza gitmek" pek ayıp kabul edilir, hele orta yaşa gelmiş insanların sazda görülmeleri utanç vesilesi olurmuş. Deyimde geçen "kırkından sonra saza başlamak" ise kırkına kadar temiz bir hayat sürüp artık daha da olgun hareket etmesi gereken birinin, böyle kötü yola dadanmasının iflâh kabul etmez bir tavır olmasından kinayedir. Demek kırkından sonra saza başlayan (içkili kadınlı eğlence meclisine devam eden) kişi, öyle kirleniyor ki onu ancak teneşir paklayabiliyor. Yoksa, kırkından sonra saz çalma talimlerine kimsenin bir diyeceği yoktur. Hele de zamanımızda değil kırk, yetmişinde bile bir saz aleti çalmak için özel dersler alan nice insan var iken. Özellikle emeklilerin, geri kalan ömürlerinde oyalanmak için kanun, piyano, ud, ney, bağlama vs. çalmaya tevessül etmelerinde ne ayıp olabilir? Yani kırkından sonra saz çalmaya başlanabilir; ama saza başlanırsa "Allah ıslah etsin!" demekten öte çıkar yol yoktur.

66
KÖS DİNLEMEK

Dilimizde "kös dinlemiş" diye bir deyim vardır. Başından pek çok şeyler geçmiş, bir nice zorlukları ve tehlikeleri atlatmış kişilerin vurdumduymazlıkları, kaygısız ve soğukkanlı davranışları üzerine söylenir.

Kös, bir yüzeyine perdahlanmış manda derisi gerilen mahrutî (konik) biçimde enli bir kasnaktan ibarettir. Ancak bunun silindirik kasnağı ekseriya ağaç yerine madenden imal edilir ve ağız çemberleri olabildiğince geniş tutulur.* Kösün güzelli-

---

* Bazı tarih kitaplarına göre Viyana Kuşatması esnasında Osmanlı mehteri bütün muhasara müddetince nevbet vurmaya devam etmiş. Mehter sesinin Osmanlı askerine şecaat, düşmanına da korku verdiği bilindiğinden hünkâr mehterin hiç susmadan gece gündüz çalmasını emretmiş. Viyana önlerinde günler boyu bu ses, şehirdeki halkı öylesine bizar etmiş ki, zaferden sonra bir grup papaz şu itirafta bulunmuşlar:

ği, çapının genişliği ile ölçülür ve küçükleri at; büyükleri ise deve veya fil sırtında, iki taraflı denk oluşturacak şekilde taşınır imiş. Kös taşıyan hayvanların zamanla bu sesten sağır oldukları cümle âleme ayandır.

Eskiden kösün en mükemmelleri Bağdat'ta yapılır ve imalleri izne bağlı olurmuş. Zira, kösler yalnızca padişahlara mahsus mehter takımlarında bulunur (Bu yüzden tarihte daima "kös-i hakanî" adıyla anılagelmiştir.) ve sesinin azametinden dolayı da her zaman çalınmazmış.

Kösün özelliği, sesinin gür ve dehşetli oluşudur. Kös sesine alışkın olmayan hayvanların, bu sesten ürkmeleri sebebiyle mehterhanenin atları özel olarak eğitilir ve seferlerde köse yakın gidecek acemi atların kulakları bağlanırmış.

Rivayete göre, vaktiyle Osmanlı ordusunda yıllarca kös taşıyarak ihtiyarlamış bir deve emekliye sevk edilmiş. Gördüğü hizmetin karşılığı olarak boynuna bir tekaütlük beratı asılmış ve istediği bağ ve bahçeye girip otlamasına izin verildiği, buna mâni olanların cezalandırılacağı ilân edilmiş.

Fermanlı deve, özgürlüğün bütün nimetlerinden alabildiğince yararlanıp giderken, bir gün fakir bir adamın bostanına girip önüne gelen ne varsa silip süpürmeye başlamış. Bostan sahibi yüreği yanarak manzarayı bir müddet seyretmişse de dayanamayıp deveyi kovmaya yeltenmiş. Ancak bunu kimseye belli etmemesi gerektiğinden eline bir teneke alıp küçük bir çubuk ile yavaş yavaş vurmayı ve ufak yollu gürültü ile deveyi ürkütmeyi denemiş.

Bu ses deveye sinek vızıltısı gibi gelmiş olsa gerek ki oralı

— Eğer siz son hücumu yapmayıp da iki gün daha mehter sesi devam etseydi; şehir kendiliğinden düşecekti ve biz teslim kararı almıştık.

Bu anekdot, Osmanlı mehterinin ve kös sesinin ihtişamını anlatmak için uydurulmuş bir efsane olsa gerektir.

bile olmamış. Bostan sahibi biraz daha yaklaşmış, kulağının dibine varmış, ama nafile! Bu sefer tenekeye bir perde daha yüksekten vurmayı denemiş. Deve hazretleri dönüp bakmıyor bile! Tempoyu artırmış. Yine kâr etmiyor.

Bu arada yan tarlada çalışan komşusu gürültüyü duyup seslenmiş:

— Yahu komşu! Boşuna emek çekme. O deve yıllarca kös dinlemiş; senin teneke sesine aldırmaz bile!

Köylü suç üstü yakalanmış gibi mahçup, olduğu yere yığılıvermiş. Kös dinlemiş deveye sesini duyuramamanın ıstırabı ile yanmış yakılmış; ama ne çare tarlayı kurtaramamış.

Not: Bu deyimin versiyonu olan bir atasözü de "Hem eşek eti yemiş; hem kös dinlemiş" şeklindedir ki hem inatçı, hem vurdumduymaz olmaktan kinayedir.

67
KÜPÜNÜ DOLDURMAK

Haksız kazanç elde edip zengin olarak, yahut başkalarının hakkını gasp ederek kendine çıkar sağlayıp bol kazançlı yüksek makamlara ulaşmak anlamında kullandığımız bu deyim, hukuk sisteminde her zaman görülen yanlış uygulamalarla ilgilidir.

Bilindiği gibi yargıçlar, ihtilâfları çözmeye, haklıyı haksızdan ayırmaya memur kişilerdir. İlk insanlardan itibaren, adına ne denilirse denilsin yargıç olacak kişinin bilgili, saygın, tecrübeli, gün görmüş kişilerden seçilmesine dikkat edilmiş, en önemli özellik olarak da onlarda, bir güvenilirlik vasfı aranmıştır. Sonraki devirlerde yargıçlar, devletin resmî görevlileri olarak sosyal yapıda yerlerini alınca, yine belli bir tahsil ve seviyeye ulaşmış olmaları şartı aranmıştır.

Osmanlılar döneminde yargıçlara "kadı" denilir ve kadılık makamı büyük önem taşırdı. Tanzimat'la birlikte getirilen yeni teşkilât kapısına kadar da (1839), bu önemini korudu. Daha evvel kazaskerlere ve dolayısıyla sadrazama bağlı olan kadılar, bu devirde şeyhülislâmlık makamına bağlandılar. II. Meşrutiyet'le birlikte (1908) adliye teşkilâtına naklolundular. Cumhuriyet devrinde ise kadıların yürüttükleri şer'î mahkemeler lağvedilerek, bugünkü yasama teşkilâtı kuruldu.

Kadılık kadar suiistimale açık, başka bir meslek daha bulmak zordur. Özellikle de taşrada!... Çünkü kadılar, tamamen vicdanlarına dayanarak hüküm veren insanlardır. İman ve dürüstlük, menfaat ve nefis ile çarpışınca, genellikle bu ikinci grup galip çıkar: Hele bir de hesap soran yoksa! Bu durumda halk, kadı huzuruna çıkmaktan köşe bucak kaçacaktır elbette! Her ne kadar "Kadı anlatışa göre fetva verir!" ise de Osmanlı'nın son asır kadıları için "Davacın kadı olursa, yardımcın Allah olsun!" denilmiştir. Çünkü bu mesleği kabul etmemek için hapis yatmaya razı olan İmam-ı Azam'lar çağı geçmiş, yerine "Kadı ekmeğini karınca yemez!" anlayışını ortaya koyan bir kadı hâkimiyeti devri başlamıştır.

Ömrünü mahkemeler icra etmekle geçiren nice kadıların Mahkeme-i Kübra'yı unutmaları, elbette acıdır! Ancak hepsini aynı kategoride değerlendirmek de haksızlık olur. Birkaç kadı kötü icraat yapınca, bunun hepsine teşmil edilmesi doğru değildir. Elbette, kişilerin beşerî zaafları vardır. Ancak halk nazarında en dürüst olması gereken kişiler de şüphesiz kadılardır. Halk, kendinde leke kabul edebilir; ama kendisi hakkında hüküm veren kadıda asla!..

Rivayete göre "küpünü doldurmak" deyiminin ortaya çıkmasına neden olan olay, şu şekilde cereyan eder: Eski dönemlerde, Rumeli'de bir kasabaya bir kadı tayin olunmuştur. Kadı zulüm ve soygunculukla kısa zamanda halkı canından bezdirir. Kasabalı, İstanbul'a bir ariza gönderir ve durumu anlatır. Padişah, kadıyı görevinden azleder. Kadı, kasabayı terk etmek için evinin eşyalarını kağnılara yükler. Halk sureta onu uğurlamaya gelmiş gibi evinin önüne toplanıp tecessüsle malını mülkünü gözetlemektedir. Kasabaya çulsuz gelen kadının üç-dört kağnıya sığmayan eşyaları yüklenir. Son olarak kadı, evin mahzeninden bir küp çıkarır.

Neyse!.. Kâhyalar küpü zorlukla taşımışlar. Kadı küpü kağnıya yüklemeden evvel yere koydurtmuş, sonra merakla seyreden halka,

— Yaklaşın, demiş, yaklaşın; size bir şey göstereceğim!

Herkes gelip merakla küpe bakmış. Görmüşler ki koca küp altınla dolu. Tabiî ki bunlar, kendilerinden alınan altınlar. Halk gözlerine inanamamış hâlde, şaşkın şaşkın bakarken kadı söze başlamış:

— Ey ahali: Size acıyorum. Hâliniz harap, istikbaliniz hazin!.. Bakın hele şu küpe! Dolmasına iki parmakçık yer kalmıştı. Sabredemediniz!.. Şimdi, yeni gelen kadı boş küp ile gelecek. Bense küpümü doldurmak üzereydim. Küpümü doldurduktan sonra, sizin için de çalışacaktım. Hizmetimden kendinizi mahrum bıraktınız!..

— ?!..

68
LÂF Ü GÜZÂF

Hani "lâf" diye bir kelimemiz vardır. Son zamanlarda "söz, kelâm" karşılığı olarak kullanılması yaygınlaştı. Hemen herkes, birilerinin sözlerinden "lâf" diye bahsediyor. Halbuki lâf denildiği zaman söz veya kelâma bir menfilik, bir olumsuzluk, hatta yerine göre istenmeyen bir tavır katılmış olur. Söz, nötr bir varlıktır. Onun üst derecesine kelâm, alt derecesine lâf denir.

Kelime, *Gencine-i Güftâr Ferheng-i Ziya* isimli Farsça sözlükte (c.III, s. 1731) "beyhude ve manasız söz, lakırdı, haddin fevkinde söylenen söz, öğünme, kendini gösterme" karşılıklarıyla verilmiş. Buradaki haddin fevkinde tanımı, siyasî literatürümüze "maksadını aşan söz" olarak girmiştir ki tam olarak lâf'ı karşılar. Bu kelime, eskiden beri dilimizde daha ziyade "lâf ü güzâf" şeklinde kullanılmıştır. Güzâf (aslı gizâf),"beyhude söz, abes, faydasız lakırdı" demektir. Yani, lâf ile eş anlamlı (müteradif) bir kelimedir. Bu yüzden ikisinin yanyana kullanılırken lâf-ı güzâf, şeklinde (tamlama biçimiyle) ifade edilmesi hatalıdır. Ama yan yana kullanılması, sözün değerinin iyiden iyiye düşürüldüğüne delâlettir ki anlamı "saçma sapan söz" demek olur.

Siz siz olun, söz ile lâfın o ince çizgisini asla çiğnemeyin. Hele konuştuklarınıza "Canım işte, lâf ü güzâf!.." dedirtmeyin.

69

LÂFLA PEYNİR GEMİSİ YÜRÜTMEK

Ziya Paşa'nın "Âyînesi iştir kişinin lâfa bakılmaz" diye bir bercestesi vardır. "Lâfla peynir gemisi yürümez!" sözü, halk arasında aşağı yukarı bunu karşılar. Rivayete göre bir zamanlar İstanbul'da, Edirneli Aksi Yusuf adında bir peynir tüccarı var imiş. Madrabaz ve cimri birisi olup Trakya'dan getirttiği peynirleri İstanbul'da satar, artanını da deniz yoluyla İzmir'e gönderirmiş. İzmir'de peynir fiyatları yükseldikçe elinde ne kadar mal var ise gemilere yükletir ama navlunu peşin vermek istemeyerek, kaptanları yalanlarıyla oyalar durur, "Hele peynirler sağ salim varsın, istediğin parayı fazla fazla veririm." diye vaatlerde bulunurmuş. Birkaç kez aldanan tüccar gemi kaptanlarından birisi, yine İzmir'e doğru yola çıkmak üzere iken diklenmiş:

— Efendi, tayfalarıma para ödeyeceğim. Geminin kalkması

için masarifim var. Navlunu peşin ödemezsen Sarayburnu'nu bile dönmem.

Aksi Yusuf her zamanki gibi,

— Hele peynirler salimen varsın... demeye başlar başlamaz gemici:

— Efendi, lâfla peynir gemisi yürümez. Buna kömür lâzım, yağ lâzım.

Aksi Yusuf parayı ödemiş. O gün akşama kadar şu bir tek cümleyi sayıklayıp durmuş:

— Lâfla peynir gemisi yürümez ha!?..

70
LÂHANACI - BAMYACI

Çelebi Sultan Mehmet, saltanatının ilk yıllarında oğlu Murat'ı Amasya'da yerine vekâleten bırakıp kendisi bir müddet Merzifon'da ikâmet eder. O sırada, Timur ordularının süvari talimlerini örnek alarak, süvari talimi yaptırılmasını irade buyurur. Kendisi Merzifon'da maiyetinde bulunan iki yüz kadar süvariyi alıp Suluova'ya iner. Murat da Amasya'daki süvarilerden bir o kadar getirmiştir. Sıra talimlere gelir. Güya bunlardan bir kısmı düşman, diğerleri dost olacaklardır. O zaman henüz şimdiki manevralarda olduğu gibi kırmızı kuvvetler ile beyaz (bazen yeşil) kuvvetler icat edilmemiştir. Askerleri de birbirinden ayırmak gerekmektedir. Düşünüp taşınırlar ve çareyi bulurlar: Amasya, bamyasıyla meşhurdur. Merzifon'da ise büyük lâhanalar yetişir. Buna istinaden Amasyalı süvarilere "Bamyacılar", Merzifon efradına da "Lâhanacılar" tesmiye olunur. Bu iki ismin manevralarda kullanılması daha sonra o kadar tutulur ki Osmanlı tarihi boyunca bütün talim ve manevralarda "Bamyacılar aşağı; Lâhanacılar yukarı!" komutları verilip eğitimler yapılmaya başlanır.

Gel zaman, git zaman!.. Sultan III. Selim, bir bahar günü Davutpaşa'da kendi maiyetini toplayıp askerlerin karşısına çıkarır. At oynatmak, cirit atmak, silâh kullanmakta hangileri daha mahir, görmek ister. Bunlardan bir taraf lâhanacılar, diğerleri bamyacılar olurlar. Maharetler ortaya dökülür, eğlenilir ve talimler sona erer. Dilimizde, sırf şenlik olsun diye davranan, bir amaca yönelikmiş gibi gayret ettiği hâlde işe yaramayan şeyler yapan kişiler için bu deyim kullanılır.

71
MATRAK GEÇMEK

Zaman zaman duyarız:

Ne matrak adam!
Matrak bir filmdi.
Seninle matrak geçmişler.
Matrak olsun diye...

Tahmin edileceği gibi bu ifadelerde matrak, "eğlendirici, gülünç, komik" gibi manalarda ve kısmen argo biçimiyle kullanılmaktadır.

Kamus-ı Türkî'de matrak "değnek, sopa, talimci şişi" karşılıklarıyla anılmış ve matrakçı için de "döğmeli şişle talim öğreten adam, talimci" denilmiştir.* Talimci matrakı ise, üzerine

---

* Kanunî Sultan Süleyman 1533 yılında İran seferine çıktığında, ordunun içinde Nasuh adlı bir de matrakçı bulunuyordu. Adından anlaşılıyor ki Nasuh iyi bir

deri kaplanmış, başı yuvarlakça ve kalın bir değnek, yahut lobut cinsinden bir tür uzunca tokmaktır.

Peki o hâlde, kelime nasıl olmuş da bir tür eğlence ve alay manasına bürünmüş?

Bunun için kültür tarihimizin matrak oyununa bir göz atmamız kâfidir:

Eskiden cirit gibi, guy u çevgân gibi bir tür spora matrak oyunu adı verilmekteymiş. Evliya Çelebi'yi dinleyelim:

> (Sultan IV. Murat) her fende yegâne-i asr bir padişah-ı Sam-akran idi. (...) Matrakbazlıkta da üstad-ı kâmil idi. Karşısına bir er gelemezdi. Her bir üstada bir canipten muhalefet ile darp urup matrakı kafasında trak ettirirdi. Matrakbazlık yüzaltmış bent idi. Hünkâr ancak yetmiş kadarını bilirdi.*

---

silâhşör, seçkin bir matrak ustasıdır. Ama, biz onu daha çok tarihçi olarak tanırız. Çünkü o, Kanunî dönemine ait hadiselerin anlatıldığı bir tarih kitabı yazmıştır. Bugün yegâne yazma nüshası İstanbul Üniversitesi Kütüphanesi'nde bulunan bu eserin ilk bölümü, Kanunî'nin üç yıl süren İran seferine ayrılmış ve ordu-yı hümayunun konakladığı bütün menzillerin ayrı ayrı minyatürleri çizilerek tarihî bilgiler, rengârenk görüntüler ile desteklenmiştir. Eserin bu bölümü "Beyan-ı Menazil-i Sefer-i Irakeyn" adıyla ayrı bir kitap olarak asıl tarihten daha büyük bir şöhrete sahiptir.

İçinde, iki Irak'ın (Irak-ı Arap ve Irak-ı Acem) XVI. asırdaki yerleşim bölgelerine ait çok değerli bilgiler ve minyatürler vardır. Eser, ihtiva ettiği tarihî bilgiden ziyade atalarımıza ait haritacılık, coğrafya, şehircilik ve minyatür tarihi açısından fevkalâde önemlidir. Nasuh'un her konakladığı menzilde eline parşömeni, fırçayı, boyalarını alıp dış dünyayı ve çevreyi çizmesi, doğrusu o günün şartlarında icra edilen pek külfetli bir sanattır. Ancak padişahın fermanı ile bu çalışmayı yaptığı düşünülürse, ileride karşılığını da gördüğü kesindir. O zaman görmemiş olsa bile, adının şimdiye kadar yaşamış olması az şey midir?!..

Beyan-ı Menazil-i Sefer-i Irakeyn, Hüseyin Y. Yurdaydın tarafından önsöz, giriş, çeviri yazı, notlar ve dizin ilâvesiyle yayına hazırlanmış; Türk Tarih Kurumu tarafından 1963 yılında tıpkıbasım usulüyle neşredilmiştir.

* *Seyahatname* I, 257.

Evliya'ya göre matrak genellikle şimşir ağacından yapılır, cilâlanır, dışına sahtiyan (keçi derisi) sarılır ve ucundaki topuzu yumuşak bırakılacak şekilde bağlanırdı. İki takım hâlinde ve bir tür askerî talim kabilinden oynanan matrak oyununda rakipler ellerine birer matrak alarak meydana atılıp çarpışırlar; matrakları birbirlerinin kafalarına, sırtlarına vurmaya gayret ederlermiş. Müsabakada amaç, rakibin kafasına vurabilmek ve kendisini de darbeden korumaktır. Usta matrakbazlar hiç darbe almadan rakiplerini pes ettirirler ve oyunu kazanmış olurlar.

Anlaşılan, matrakbazların karşılıklı olarak meydana çıkıp birbirlerine vurmaları ile bu arada düşenler, sendeleyenler ve yuvarlananların hâlleri, hayli ilginç ve komik olurmuş. Yoksa matrak kelimesinin bugünkü anlamı türeyemezdi.

Matrak oynayanlara, matrakbaz denir. Bu kelime de daha sonra madrabaz şekline dönüşüp mecaz yoluyla, başkasına hile yapan ve onun aleyhine oyunlar çeviren kişileri tanımlamada kullanılmıştır. Elbette ki bunun şimdiki askerî talim hocaları ile bir alâkası yoktur.

Evliya'ya göre matrak oyununun 160 çeşidinden en meşhurları "kesme, bağla, sani, kulak, bağlatop, topkafa" gibi adlarla anılır ve askerî bir talim olmak üzere, yeniçeri ortalarınca oynanırmış. Elbette bu oyuncuların, onları seyreden asker ve siviller içinde taraftarları bulunuyordu. En azından, matrakbazların ocaklı ayaktaşları arasında, kıran kırana lâf düellosuna dönüşen bir rekabet hissinin mevcut olduğu tahmin edilebilir. Hatta belki de vaktiyle onlar bugünkü futbol, basketbol, buz hokeyi, polo, hentbol, vs. maçları gibi seyirci topluyorlardı. Kim bilir eski madrabazlar, şimdiki bazı futbolcuların pir-i sanileri bile olabilirler. Bu durumda, ara nesil için tulumbacıları ve onların tulumba takımlarını hatırlamak yerinde olur.

72
MAVAL OKUMAK

Türkçede "maval okumak" diye de bir deyim vardır. "Asılsız söz söylemek, faydasız konuşmak; aldatmak, kandırmak, hileye sapmak" gibi anlamlar ifade eder.

Maval kelimesinin aslı Arapça "mevval"dir. Mevval, uzun hava biçiminde bir tür ezgi ve tegannînin adıdır. Arapların halk türkülerindeki nakaratları oluşturan ve genellikle uzatılarak söylenen anlamsız "yalelli" sözleri göz önünde bulundurulursa, mavalın niçin "faydasız lakırdı" anlamına geldiği anlaşılabilir. Ancak mavalın edebî bir nazım türü olarak da gerek eski Türkmen toplulukları, gerekse Balkanlardaki Türk halklarının edebiyatlarında yaşadığı bilinmektedir. Bunlarda da keza, uzun hava gibi mısralar arasında ahengi sağlayan ve ezgiye lirizm katan anlamsız heceler bulunur. Ali Ekrem'in,

Hiç gelmiyor mu gûşuna âvâze-i ceres
Dağlarda bir maval okuyan nîm perde ses

mısralarında, mavalın dağlarda okunduğu gibi bir anlam çıkıyor ki bu, onun folklorik özelliğini de yansıtır. Şehirli Arapların gazel ve şarkılarına karşılık, bedevî çöl Araplarının mavalları daha tabiî ve basit olsa gerektir. Aynı milletin farklı kültür coğrafyalarının ürünleri olarak, bunlardan birincisi, işlenmiş ve sanatla yoğrulmuş zengin edebiyat birikimini; ikincisi de yalın şekliyle folkloru temsil eder ve tabiîdir ki ezgilerinden başlayarak ifade ettikleri manalara kadar, aralarında fevkalâde büyük farklar vardır. Edebiyat ve şiir kültür ve birikimine sahip bir şairin ağzından çıkan sanatkârane bir mısra ile, çöl mugaylanları arasında deve yavrularını güden bir çocuk yahut kadının, anlamlı iki çift söz arasına kattığı yaleller arasında elbette ifade ettikleri düşünce, hayal ve fikirler açısından farklılıklar olacaktır ve birincisine nazaran diğerine maval kelimesinin olumsuz anlamını yüklemek, haksızlık sayılmayacaktır.

Maval kelimesinin dilimizde böyle olumsuz bir anlam ile kullanılması, Osmanlılar döneminde başlamıştır. O devirde de klâsik şairler (divan şairleri) ile halk şairlerinin (saz şairleri) söyledikleri şiirler arasında, böyle bir fark mevcut idi. Eskiden, saz şairlerinin manzumelerine pek öyle edebî bir değer de atfedilmezdi. Hatta toplumun gözde şiirinin, işlenmiş, estetik yapısı belirlenmiş ve klâsikleşmiş olan divan tarzı şiir olarak kabul edildiği ve saz şairlerinin mısralarına da âdeta 'ahenkli bir söz' olarak bakıldığı dönemler yaşanmıştır. İşin ilginci, o zamanlar, saz şairleri de bu durumun farkındaydılar ve hatta, içlerinden biraz tahsil görüp şiir eğitimi edinenler, divan şairleri gibi şiir söylemeye yeltenir, klâsik tarzda manzumeler yazarlardı. Mamafih, sosyal yapıya bağlı olarak farklı edebî muhitlerin meydana çıkışı, her iki şiirin de belli seviyelerde toplum tarafından benimsenmesine zemin hazırlıyordu. Ancak dikkat buyurulsun ki, dilimizin bir deyime ihtiyacı olduğunda temel yapının haricinde bir örnekle "maval okumak" deniliyordu da meselâ "türkü çığırmak" denilmiyordu. Hâlbuki mavaldaki teganni özellikleri, pek çok Anadolu türküsü ve uzun havasında da pekâlâ mevcuttur. Şöyle nakaratları arasına "oof... oooof.." diye başlayıp "aman... amaaaaan"larla devam eden ezgilerin karıştığı türkülerimizin sayısı az mıdır sizce?

Dilin mantığı, kendine has olan her şeyi korumaya ve himayeye gayret eder de olumsuz bir anlam için yabancı bir kültür malzemesini kullanmaktan çekinmez. Yani dil, kendisine saygı göstermeyenler için türküyü çok görür de sonunda onlara maval okutur.

73
MOLLA KASIM

Son zamanlarda, sık sık duyduğumuz isimlerden biridir Molla Kasım. Daha ziyade, ortalığın toz dumana döndüğü zamanlarda onu sahnede görürüz. Her kafadan bir sesin çıktığı dönemlerde, gidişata nizam verme adına ortalıklarda işleri karman çorman eden birileri var ise, bilin ki Molla Kasım iş başındadır. Onun çalışma alanı fevkalâde geniştir. Her konuyu bildiğini, her işten anladığını kendisi söyler. Edebiyattan siyasete, ekonomiden çevre sorunlarına, terliksi hayvanlardan kımıl zararlısına, aero-dinamikten bilgi işlem casusluğuna varasıya dek, aklınıza gelebilecek her konuda Molla Kasım kendini topluma adamış bir babayiğittir. Bilumum tabakat (biyografik silsile) kitapları, onun ilk atasının yine Molla Kasım ismiyle, Yunus Emre çağında yaşadığını zikrediyorlar. Rivayete göre Bizim Yunus, hayatı boyunca üç bin manzume yazmış. Daha sonra, bazı Yunus hayranları tarafından bunlar bir deftere kaydedilmiş ve elden ele dolaşır olmuş. Nihayet bir gün, Molla Kasım'ın eline de tutuşturulmuş. Bizimki "Şiir okumak için, öyle her mekân ve zaman uygun değildir. Elbet ki dem gerek, hemdem gerek." diyerek torbasını bıldırcından, patlıcandan; helvadan, peynirden; armuttan, peksimetten bilumum azıkla doldurmuş, Yunus *Divanı*'nı da pekmez dolu kabakçenin altına sıkıştırıp bir ırmak kenarına postu sermiş. Azıklarını pişirmek için bir ateş yakıp, çimenlerin üzerine sırt üstü yayılmış. Bir yanda alevlerin çıtırtısı, diğer yanda ırmağın şırıltısı... "Tamam" demiş, "işte şimdi şiir okunacak vakittir."

Bir tane okumuş, dudak bükmüş; "Vaiz misin mübarek!" demiş, hemen yırtıp atmış suya. Başka bir tane okumuş, burun kıvırmış, "Fazla doğrucu bu dâhi!" deyu atmış onu da ateşe. Gel keyfim gel! Bir suya; bir ateşe derken iki bin sayfa eriyip gitmiş elinde. İşte tam o sırada, birden gözleri fal taşı gibi açılıvermiş. Meğer Yunus, onun adına da bir beyit yazmışmış. Şöyle:

Derviş Yûnus bu sözü eğri büğrü söyleme
Seni sıygaya çeker bir Molla Kasım gelir

Molla bunu okuyunca tevbe etmiş, kendisinin cahilliği kadar Yunus'un ermişliğini de bihakkın anlamış ama olan da Yunus'un iki bin şiirine olmuş. Mamafih, Yunus'un o iki bin şiiri yine de boşa gitmemiş; binini sularda balıklar, binini de gökte melekler, okur dururlarmış.

Modern Molla Kasım'lara bakarak, büyük büyük atalarının gösterdiği bu insaf ve pişmanlığa rahmet okumak, müstehap olur sanırız.

74
MUHAVERE-İ TEBABÜLİYE

Efsaneye göre, Nuh'un torunları, gökyüzüne tırmanmak için birçok kattan meydana gelen ve son katı tapınak olarak düzenlenen bir kule yapmışlar. Gökyüzünü hâkimiyeti altına almak isteyen insanın kendini beğenmişlik ve nefsine güvenini simgeleyen bu kule hakkında, Tevrat ve İncil ile Yunan mitolojisinde de değişik varyantlar vardır.

Babil Kulesi yapılırken Allahu Tealâ, kendisine şirk koşmak üzere yapılan bu binada çalışanların dillerini değiştirmiş (insanlığın dağılması) ve hiç kimse diğerinin dilini anlamaz olmuş. Onun için kimsenin birbirini anlamadığı konuşmalara "muhavere-i Tebabüliye (Babillilerin konuşmaları)" denilir ve bu söz eskiden beri, halk arasında bir deyim olarak kullanılır. Her kafadan bir sesin çıktığı, kalabalık bir mekânda, meclis adabını çiğneyerek, ikişer kişinin birbiriyle lâfladığı ve seslerin bir uğultuya dönüştüğü durumlar, tam da muhavere-i Tebabüliye sayılır.

75
MUSUL ÇEŞMESİNDEN SU İÇMEK

Musul'da, Yunus Nebi zamanından kalma bir çeşme varmış. Suyundan içen masumlara şifa, zalimlere zehir olurmuş. Ne zaman şehre bir zalim vali gönderilse, halk bir müddet sonra onu götürüp bu çeşmeden su içirir ve birkaç günde göçürterek zulmünden kurtulurmuş. Musul'un zarif kişizadeleri arasında, zalimlere karşı "İçtiğin Yunus Nebi çeşmesi ola!" demek, bir darbımesel olmuş. Garip olan o ki zalim valilerin hepsi, bu sözü nezaketle söylenmiş bir dua sanıp "Allah razı ola!" cevabını verirmiş. Dilimize Osmanlı kültüründen yansıyan bu deyim de zalim yöneticiler hakkında hâlâ kullanılmaktadır.

76
MÜNASEBETSİZ MEHMET EFENDİ

Hiç uygun olmayan bir vakitte hiç uygun olmayan bir hareket yapan, yahut lâf söyleyenler hakkında kullanılan bu deyimin hikâyesi şöyle:

Sultan II. Mahmut devrinde Mehmet Efendi isminde bir zat yaşarmış. Münasebetsizlikle şöhret bulmuş. Padişah bir gün onu dinleyip, münasebetsizliğinin derecesini ölçmek istemiş. Efendiyi huzura getirmişler. Uzunca bir sohbet olmuş; ama adamda hiçbir münasebetsizlik yok. Nihayet sohbet sona erince Mehmet Efendi, birkaç kese ihsan alarak oradan ayrılmış.

Aradan günler geçmiş. Sultan Murat, Babıâli'yi teftişten döndüğü bir sırada faytonuyla Cağaloğlu yokuşunu çıkmakta iken Mehmet Efendi, arabacıya seslenmiş:

— Hünkâra arzım vardır, bildiriniz.

Sultan Mahmut sesi tanıyıp, "Galiba önemli bir maruzatı var!" diyerek arabacısına bir lâhza beklemesini söyler. Ne var ki yokuşun en dik olduğu noktada durmuşlardır ve atların orada zapt edilmeleri zordur; ayakları yokuş aşağı kaymaya başlar. Mehmet Efendi gayet sakin, sorar:

— Padişahım, acaba zurna çalmasını bilir misiniz?

Padişah biraz şaşkın, biraz da meraklı:

— Hayır, bilmem, der.

— Bendeniz de bilmem efendim.

— Öyle mi der, padişah, sözün sonunu bekleyerek. Bu sırada fayton da geri geri kaymaya başlamıştır. Mehmet Efendi devam eder:

— Evet Efendimiz! Bursa'da halamın damadının bir yaşlı teyzezadesi vardır?

— Eee!?..

— O da zurna çalmasını bilmez efendimiz.

— Ya!..

— Vallahi efendimiz, hatta...

Arabanın yokuş aşağı gideceğinden korkan Sultan Mahmut dayanamayıp adamlarına bağırır:

— Çekin şu münasebetsiz Mehmet Efendi'yi yolumdan, yoksa ya ben bayılacağım; yahut atlar!..

77
MÜREKKEP YALAMAK

Uzun yıllar tahsil görmüş, ilim öğrenmiş kişiler hakkında "mürekkep yalamış" denir. Bu deyim bize matbaadan evvelki zamanların el yazması kitapları ve hattatları; yahut müstensihlerinden yadigârdır.

El yazması kitapların sayfaları hazırlanırken, pürüzleri kaybolsun ve kalemin kayganlığı sağlansın diye parşömenlerin üzeri ahar denilen bir tür sıvı ile cilâlanır, ardından da mührelenir imiş. Ahar, yumurta akı ve nişasta ile hazırlanan muhallebi kıvamında bir hamule olup kâğıt üzerinde bir tabaka oluşturur. Kitap kurtlarının pek sevdiği ahar, aslında, suyu görünce hemen erir. Aharın bu özelliğinden dolayı eski zamanların hattatları yahut kopya usulü kitap çoğaltan zanaatkârları (müstensihler), bir hata yaptıkları vakit onu silmek için (mürekkep silgisi henüz icat edilmemiştir) serçe parmaklarının ucunu ağızlarında ıslatıp hatalı harf veya kelimenin üzerine sürerler, böylece zemindeki ahar dağılır ve aharla birlikte hata da kendiliğinden kaybolur gidermiş. Bazen bütün bir cümlenin silinmesi gerektiğinde aynı işlemi tekrarlamak gerekir, hattatın serçe parmağına gelen mürekkep, ister istemez diline geçer, böylece hattat mürekkebi yalamış olurmuş.

Mürekkep, bezir isinden hazırlandığı için suda çözülmesi tabiîdir. Bu yüzden el yazması eserler asla su ve türevleri ile temas ettirilmez. Ancak, kitap henüz yazılma aşamasındayken mürekkebin bu özelliği hattatların işine yarar, gerek divitlerinin ucunda kalan mürekkep lekelerini gidermek ve temizlemek, gerekse sayfaya küçük bir tırfil yahut imlâ koymak için diviti tekrar mürekkebe bandırarak israf etmek yerine, ucunu dillerine değdirir ve oradaki mürekkebin çözülüp kullanılmasını sağlarlarmış. Bu durumda da dillerinin mürekkep olması, yani mürekkebi yalamış olmaları kaçınılmazdır. Sonuçta eskiler, bir insanın yaladığı mürekkep miktarınca ilminin ziyadeleştiğini varsayarlar ve okuma yazma bilenlerin pek az olduğu çağlarda azıcık da olsa mürekkep yalamış olmayı, toplum içinde saygı alâmeti olarak alırlarmış.

78
ÖLÜR MÜSÜN; ÖLDÜRÜR MÜSÜN?

Neticesinden hayret ve şaşkınlık içinde kaldığımız, hoşumuza gitmeyen bir hareket, bir söz, bir düşünce karşısında "Ölür müsün; öldürür müsün?" diye yakınırız. Hikâyesi şöyledir:

Vaktiyle köylünün biri hacca gitmiş. Tabiî, dönüşte eşe dosta, hısım akrabaya hediye getirmek âdetten... Herkese miktarınca hediyeler aldıktan sonra, köyün ağasını da hatırlamış. Hediye konusunda uzun müddet karar verememişse de "Ağamız, başımızın tacıdır, efendimizdir; ona götüreceğim hediye kendime alacağımdan aşağı olmamalıdır." diye düşünerek hacılar âdetince bir şişe zemzem doldurup bir fâniye yetecek kefenlik bez kestirmiş. Dönüşte yol yordamınca, hediyelerini sunmak için ağanın eşiğine yüz sürmüş. Gelin görün ki ağanın kâhyası, bu durumdan hoşlanmayarak hediyeleri adamın suratına fırlatmış:

— Be adam! Hiç böyle hediye olur mu?! Ben böyle bir hediyeyi şimdi ağaya nasıl takdim ederim?

Köylü hulus-ı kalple ısrar etmiş:

— Canım kâhya, elçiye zeval olmaz; sen heman bunları odasına götür. Ben bunları bin bir emekle ta Hicaz'dan getirdim.

Biraz tartışmadan sonra kâhya razı olmuş ve elinde hediye bohçası ile ağanın huzuruna girip meramını şöylece arz etmiş:

— Ağam! Sersemin biri Hicaz'dan size kefenlik bez ile gasil suyunuza katılmak üzere zemzem getirmiş. Şimdi ölür müsünüz; öldürür müsünüz?!..

79
PABUCU DAMA ATILMAK

Osmanlılar devrinde esnaf teşkilâtı, Ahîlik geleneğinin uzantısı olarak belli bir nizam içerisinde ve fevkalâde sağlıklı işlemiştir. Her esnaf teşekkülünün bir kethüdası bulunur ve kethüda o meslek dalının inceliklerini, kanunlarını, yönetim biçimini iyi bilir, esnafın çalışma düzeni ve dürüstlüğünü denetlermiş. Esnaf ile kethüda arasında yiğitbaşı denilen, bilirkişi konumunda bir esnaf temsilcisi bulunur, sanatında hile yapanlar olursa, yiğitbaşı tarafından tespit edilerek kethüdaya bildirilir ve gerekli cezaî işlemler başlatılırmış. Bu, bir nevi, şimdiki TSE kontrolörlüğü demektir.

Herkesin meslek ahlâkı ilkeleriyle çalıştığı o dönemlerde bir zanaatkârın yaptığı işte ihmal veya hileye sapması, nadir görülen hadiselerdendir. Çabucak bozulan, yırtılan veya çürüyen mallarda bir hile aranır, bulunursa kethüdaya şikâyetle ilgisinin cezalandırılması istenirmiş.

Takdir edilir ki ayakkabı imalâtı, bu tür şikâyetlere açık bir meslektir. Kısa sürede eskiyen ayakkabının kullanım hatası mı, yoksa üretim hatası mı olduğu sık sık tartışma ve şikâyet konusu edilmeye başlandığı devirlerde, çürük çarık yapılan, çabuk sökülen yahut delinen ayakkabılar dolayısıyla kethüda, sık sık çarıkçılar yiğitbaşısını çağırıp tahkikat yaptırır olmuş. Eğer bir imalât hilesi söz konusu ise ilgili usta çağırılır, esnafın ileri gelenleri, yiğitbaşı ve diğer meslek temsilcileri huzurunda kethüda tarafından tekdir edilir, aldığı ücretin müşteriye iadesi sağlanır, dava konusu olan ayakkabı da kullanılmamak için dama atılırmış.

Bir esnafın yaptığı ayakkabının dama atılması o usta için en büyük ayıp olup meslekteki şeref ve itibarını sıfırlar ve müşterisinin azalmasına yol açarmış. Bu uygulama bütün esnaf teşkilâtı için bir genelleme niteliğinde olup birisi hakkında "pabucu dama atıldı" denilmesi artık o meslekten ekmek yemesinin zor olduğuna işaret sayılmış, esnafın bu titizlik ile iş görmesi temin edilmiştir.

Bu uygulamanın Ahî Evran'dan kalma olduğu, daha o zamanlarda da hatalı malzeme üreten zanaatkârın, Ahî şeyhi tarafından meclisten çıkarılıp pabucunun tekke damına atıldığı ve evine yalınayak gönderildiğine dair rivayetler vardır.

80
PÖSTEKİ SAY(DIR)MAK

Nimeti külfetinden az veya elde edilen kârın, harcanan emeğe değmeyeceği durumlarda söylenen bir sözümüz vardır: Pösteki saymak. İmkân harici gibi görünen bir şey için boşa gayret sarf etmenin mantıksızlığını anlatır.

Vaktiyle İstanbul'un Toptaşı bimarhanesine (akıl hastalarının tedavi edildiği yer, tımarhane) alaylı paşalardan biri idareci tayin olunmuş. Bir müddet tabiplerin tedavi usullerini ve hastaların gidişatlarını gözlemleyen paşa, yavaş yavaş işin içine girmeye, yalnızca idarî değil, tıbbî konulara da müdahale etmeye başlamış. Koğuşları geziyor, kendince delilerin durumlarını inceliyor ve bazılarında hiçbir anormallik görmediği için onların akıllandığına hükmediyormuş. Nihayet, onları sınamak için kendince bir usul geliştirmiş. Buna göre delileri tek tek huzuruna çağırtıp önlerine bir pösteki koyarak,

— Say bakalım, diyormuş, şu póstekinin tüylerini ve bize tam olarak söyle.

Eğer hasta,

— Efendim, bu zor iş, hepsini sayamam, diyorsa dışarıya; yok,

— Başüstüne paşam, deyip işe koyuluyorsa geri, hücresine gönderiyormuş.

Meğer, hastalardan biri bir gün,

— Nasıl sayayım paşa hazretleri, demesin mi!..

Paşa çar naçar, "İşte böyle..." deyip pöstekinin kıllarını tek tek sayar gibi yapmış. Onun bu gayretini gören tımarhane tabipleri, bu akıllılık testini her ne kadar tıbbî kurallara uygun bulmasalar da mantık kurallarına uygun bulduklarından veya korkudan, hiç itiraz edememişler. Paşa zamanla bu işi o kadar ileri götürmüş ki, bütün gününü hastalar ve pöstekiler arasında geçirir, hatta hastaneye yeni getirilen hastalara da aynı testi uygulayıp pöstekinin kıllarını saymanın zor olduğunu söyleyenleri "deli değildir" teşhisiyle geri gönderir, hastaneye kabul ettirmezmiş. O günlerde paşanın arkadaşlarından biri, yolda tabiplerden biriyle karşılaşıp sormuş:

— Bizim paşa ne yapıyor?

— Pösteki sayıyor!

81
PÜF NOKTASI

Vaktiyle testi ve çanak çömlek imal edilen kasabalardan birinde, uzun yıllar bu meslekte çalışan bir çırak, kalfa olup artık kendi başına bir dükkân açmayı arzu eder olmuş. Ne yazık ki her defasında ustası ona:

— Sen, demiş, daha bu işin püf noktasını bilmiyorsun, biraz daha emek vermen gerekiyor.

Ustanın bu sonu gelmez nasihatlerinden sıkılan kalfa, artık dayanamaz ve gidip bir dükkân açar. Açar açmasına da yeni dükkânında güzel güzel yaptığı testiler, küpler, vazolar, sürahiler onca titizliğe ve emeğe rağmen orasından burasından yarılmaya, yer yer çatlamaya başlar. Kalfa, bir türlü bu çatlamaların önüne geçemez. Nihayet ustasına gider ve durumu anlatır. Usta:

— Sana demedim mi evlâdım; sen bu işin püf noktasını henüz öğrenmedin. Bu sanatın bir püf noktası vardır.

Usta bunun üzerine tezgâha bir miktar çamur koyar ve:

— Haydi, der, geç bakalım tezgâhın başına da bir testi çıkar. Ben de sana püf noktasını göstereyim.

Eski çırak ayağıyla merdaneyi döndürüp çamura şekil vermeye başladığında usta, önünde dönen çanağa arada sırada "püf!" diye üfleyerek zamanla testiyi çatlatacak olan bazı küçük hava kabarcıklarını patlatıp giderir. Böylece çırak da bu sanatın püf denilen noktasını öğrenmiş olur.

Her sanatın incelik gereken nazik kısmına da o günden sonra püf noktası denilmeye başlanır.

82
RAHMET OKUTMAK

Rahmet okutmak deyimi, aşağı yukarı "Gelen, gideni aratır" atalar sözünün karşılığıdır. Kötülükte sonra gelenin, önce geleni bastırmış olması hâlinde "Rahmet okuttu" deriz. Mehmet Akif,

Ağzı meyhâneye rahmet okuturken hele bak
Bana gelmiş de şeriatçı kesilmiş avanak

diye yakınırken, deyimi pek güzel kullanmış. Türkçede bu deyimin nasıl türetildiğine dair, şöyle bir hikâye mevcuttur:

Hırsızın biri hastalanmış ve sekerat-ı mevt hâlinde iken Allah'a şu yolda dualar edermiş:

— Yüce Allah'ım!.. Dünyada nasibim hırsızlıktan imiş. Ne kazandı isem bu yolla kazandım. Çoluk çocuğumun kursağına helâl lokma girmedi. O kadar insanın ahını aldım, hakkını yedim. Bu kadar günah ile Senin yüce huzuruna nasıl çıkayım! Arkamdan beni hayırla anacak kimse de yok. Bilâkis herkes beni lânetle anacak. Affet Allah'ım!...

Hırsızın delikanlı oğlu, bu hâle bakıp babasına demiş ki:

— Baba, sen hiç merak etme. Ben seni her gün rahmetle andırırım, için rahat olsun.

Hırsız ölmüş. Evin geçim yükü oğlana geçmiş. Delikanlı babasının mesleğini sürdürmeye kararlı. Başlamış hırsızlığa. Ancak babasının aksine, girdiği her evi âdeta kuruturmuş. İğneden ipliğe ne var ne yoksa alır, ev sahibine çıplak odalar bırakırmış. Öyle bir zaman gelmiş ki, evleri soyulanlar, eski hırsızı, yani delikanlının babasını arar olmuşlar. Diyorlarmış ki:

— Babası da hırsızdı ama, Allah rahmet eylesin ihtiyacı kadar çalardı. Bunun gibi açgözlü ve arsız değildi.

Bir hırsıza da rahmet ancak bu kadar okunur!

83
SABIR (ÇANAĞI) TAŞTI

İyi kalpli bir zenginin genç yaşta vefatı üzerine, üzüntüden kısa zamanda hanımı da ruhunu teslim etmiş. Tek vâris durumundaki kız çocuklarına, amcasını vasi tayin etmişler. Kızın amcası zalim çıkmış ve kızın mallarına el koyduktan gayri bir de kendini hizmetçi gibi kullanmaya başlamış. Yenge bir yandan, yeğenler bir yandan zavallı kızı hem itip kakıyorlar, hem de kendilerine hizmet ettiriyorlarmış. Zamanla, çocukcağızı dövmeye de başlamışlar. Bütün ev halkının ayrı ayrı eziyet ve takazalarına, hakaret ve tokatlarına maruz kalan yavrucak, her gece yatağına gözyaşları içinde girer olmuş. Öyle sindirmişler ki, derdini kimseciklere açamıyormuş.

Kızcağız bir gece, yine yastığı gözyaşlarıyla ıslanarak uyuya kalmış. O gece rüyasında Eyyüp peygamberi görmüş ve derdini olduğu gibi anlatmış. Sonunda Hz. Eyyüp onun sırtını sıvazlayıp, kendisine sabır tavsiye etmiş ve yeşil bir çanak vererek:

— Evlâdım, demiş. Bu çanağı gizli bir yerde sakla. Her gün bildiğin duaları oku ve içinden daima "Ya Sabir" ismini virt edin. Ağlayacağın zaman gözyaşlarını bu çanakta biriktir. Çanak dolup taştığı gün inşallah senin de çilen bitecek!

Kızcağız heyecan içinde uyanmış. Bir de ne görsün; yeşil çanak baş ucunda duruyor. Çanağı saklayıp, rüyasından kimseciklere bahsetmemiş.

Zaman su gibi akar derler; kızcağız ne zaman odasına çekilip ağlasa gözyaşlarını bu çanağa dökmüş. Hayatı gün günden çekilmez oluyor; ama çanak da bir yandan doluyormuş. Sıcak yemek yüzüne hasret, gittikçe eriyerek ergenlik çağına yaklaşmış. Bir gece öyle çok ağlamış ki çanak ha taştı ha taşacak. O sırada Eyüp aleyhisselâmın sözlerini düşünüp ne olacağını merak ediyormuş. Sabaha karşı amcası kendisini çağırmış ve bütün ev halkıyla birlikte denizaşırı bir seyahate gideceklerini söyleyip tehditkâr ve azarlar bir eda ile kulağını çekerek eve göz kulak olmasını, aksi hâlde canını alacağını söylemiş. Kız acı içerisinde kıvranırken, içinden "İnşallah senin de bir canını alan bulunur!" diye geçirmiş.

Mazlumun ahı yerde kalmazmış; o yolculukta ev halkının bindiği gemi batmış ve hepsi boğularak ölmüşler. Sabırlı kızcağız anasından babasından kalan mirastan başka amcasının da tek vârisi olarak her şeyin sahibi olmuş.

Dilimizdeki "sabrımız taşıyor, sabrı taştı, sabrımı taşırma vb." deyimlerin menşei budur. Tahammül sınırlarının zorlandığı anlarda ağzımızdan dökülen bu sözün eskiden ciddî bir yaptırımı varmış ve ulu orta değil, nadiren söylenir; ama söylenince de ardında durulurmuş vesselâm!..

84
SAMAN ALTINDAN SU YÜRÜTMEK

Vaktiyle bir ova köyünde, köylüler tarlalarını sulamak için ırmağın suyunu nöbetleşe kullanmak üzere anlaşmışlar. Irmak boyunda bulunan tarlalar, açılan kanallar vasıtasıyla sıra ile sulanıyor, herkes ziraatiyle meşgul oluyormuş. Köyün açıkgözlerinden birisi, daha fazla su alabilmek için tarlasında derin ama ince bir kanal kazıp ırmaktan su çalmayı aklına koymuş. Kanalı gizleme maksadıyla da üzerini çalı çırpı ve taşlarla örtüp araziye uydurmuş. En üste de saman yığınları koymuş ki kimse kanaldan şüphe etmesin.

Bir müddet sonra, ırmağın daha aşağılarındaki tarlalara giden suyun azalması üzerine köylüler, durumu araştırmaya karar vermişler. Ne çare ki arayıp taramaları sonuçsuz kalmış. Daha yukarılarda çok akan suyun, belirli bir noktadan sonra birdenbire azalmasına bir türlü anlam verememişler. Nihayet tarlaları dolaşıp bakmaya başlamışlar. Kaçak su alan köylünün tarlasına geldiklerinde, bostan havuzunun daima su ile dolu durduğu dikkatlerini çekmiş. Üstelik, havuzun üzerinde saman kırıntıları yüzmekteymiş. Bu suya bu samanlar nereden geliyor diye araştırınca, saman yığınlarına ulaşmışlar ve hileyi anlayıp samanları eşeleyince kanalı bulmuşlar. Bunun üzerine, köyün ihtiyar heyeti toplanmış ve köylüyü falakaya yatırmışlar. Değneği vururken diyorlarmış ki:

— Saman altından su yürütürsün ha! Al bakalım hak ettiğin cezayı!..

Bugün deyim, başkalarına sezdirmeden menfaat temin eden; yahut insanları birbirine düşürüp ortalığı karıştıranlar hakkında kullanılır.

85
SARI ÇİZMELİ MEHMET AĞA

Önce, Barış Manço'ya rahmetle şu mısraları okuyalım:

Yaz dostum! Yoksul görsen besle kaymak bal ile
Yaz dostum! Garipleri giydir ipek şal ile
Yaz dostum! Öksüz görsen sar kanadın, kolunu
Yaz dostum! Kimse göçmez bu dünyadan mal ile
Yaz tahtaya bir daha/Tut defteri kitabı
Sarı Çizmeli Mehmet Ağa/Bir gün öder hesabı

Evet! Hesabı öde(me)yen Sarı Çizmeli'nin hikâyesi şöyle:

Sarı çizmenin moda olduğu bir zamanda, İzmir eşrafından birisi, uşağını çağırıp tembih etmiş:

— Bak a efendi! Aydın'dan Mehmet Ağa isminde birisi gelecek. Harman zamanında sarı çizme alması için on dört akçe vermiştim. Borcunun vadesi geldi, bugün defterden borcunu sildim. Şimdi faytona bin, doğru istasyona! Uzun boylu, orta yaşlı, efe bıyıklı biridir, hemen tanırsın.

Uşak istasyona varmış. Tren boşalmaya başlamış. Bir müddet, tarife uygun adam aramışsa da nafile. Bari çizmesinden tanıyayım diye bu sefer ayakları tarassuda başlamış. Ne var ki sarı çizmelerden giyen giyene. Nihayet çaresizlik içinde en benzettiği kişiye seslenmiş:

— Mehmet Ağa! Bizim bey seni konakta bekliyor.

Tesadüf bu ya, sarı çizmeli adamın adı Mehmet olup Aydın'da kendisini ağa diye çağırırlarmış. Beraberce konağa varmışlar. Bey bakmış ki gelen sarı çizmeli ile onun borçlusu Mehmet Ağa arasında bir benzerlik yok. Elindeki defterin alacak hanesine bir yandan Mehmet Ağa'nın adını yeniden yazarken, diğer yandan uşağı paylamaya başlamış.

Nihayet uşak:

— Bey, demiş, burası koca bir şehir, sarı çizmeli de çoktu; Mehmet Ağa da. Seninkini yaz deftere bir daha!

Bu hikâye halk arasında yayıldıktan sonra, kim olduğu, ne olduğu belli olmayan birisinden bahsedilirken "Sarı çizmeli Mehmet Ağa" deyimi kullanılmaya başlanmıştır.

86
SEBİLHANE BARDAĞI

Büyük yerleşim merkezlerinin işlek caddelerinde ve büyük camilerin avlularında yer alan sebilhanelerin pencereleri önünde gelip geçenlerin ücretsiz su, ayran, şerbet (kış mevsiminde salep, süt vb.) içmeleri için sıra sıra bardaklar bulundurulması âdettendir. Keza, cami çıkışlarında ve sebil önlerinde yoksulların ve dilencilerin sıra olup beklemelerine de sık sık rastlandığından bunların acınacak hâlde dizilmeleri, sebilhane bardaklarının dizilmelerine benzetilmiş ve sıra sıra duran kişiler hakkında sebilhane bardağı gibi (dizilmek) deyimi kullanılır olmuştur. Deyimin bir versiyonunu da Evliya Çelebi, "Engürü kerpici gibi bir kalıba dizilmek" şeklinde anıyor ve ardından da Ankara kerpiçlerinin beyaz, düzgün kesilebilen ve asla bozulmayan cinsten olduğunu ekliyor.

87
SIRRA KADEM BASMAK

Sır, gizli şey demektir. Tasavvuf çevrelerinde ve özellikle Mevlevîlikte, bu kelimenin sırlamak şeklinde fiil yapılmış hâli sıkça kullanılır. Sırlamak, "kapamak, örtmek, ses ve hava akımına müsaade etmeyecek derecede bir yere gizlemek" anlamına gelir. Nitekim Mevlevîler, kapıyı yahut penceri kapa yerine, "sırla, sırret" derler. Sırlamak ve sırlanmak ise gömülmek, ölünün gömülmesi anlamında kullanılır. Falanca kişiyi sırladık, filân zat sırroldu, gibi.

Kelimenin bu kullanılışı, ölen bir kişi sorulduğunda ise, "Sırra kadem bastı!" şeklinde cevaba dönüşür. Kadem basmak, adım atmak, gitmek, demeye gelir. Deyimin dilimizde yaşıyor olması, çoktandır ortalıkta görünmeyen, yahut birilerinden kaçarak kendisini gizleyen kişiler hakkında kullanılmasından dolayıdır.

88
ŞEB-İ YELDA

Klâsik şiirimizin ölümsüz beyitlerinden bir tanesinde şair şöyle der:

> *Şeb-i yeldâyı müneccimle muvakkit ne bilir*
> *Mübtelâ-yı gama sor kim geceler kaç sâat*
>
> Şeb-i yeldayı ne müneccimler, ne dahi muvakkitler tanımlayıp anlatabilirler. Gecelerin kaç saat olduğunu, var git gam tutkunu olanlardan sor!

Eskiler, kışın en uzun gecelerine şeb-i yelda derlermiş. Bu söz, efrenci kanunuevvelin (aralık) sonu ile kanunusaninin (ocak) başında yaşanan uzun geceleri anlatır. Çünkü kış mevsiminin en uzun geceleri ile yılın en uzun gecesi (22-23 Aralık) bu günlerdedir.

Eskiden müneccimlerin en önemli vazifelerinden biri, yıllık

takvimi düzenlemek idi. (Saray memurlarından olan müneccimbaşıların, yıldızların hareketlerini inceleyerek bazı hükümler çıkarmak ve ona göre eşref saat belirlemek gibi görevleri de vardır.) Yapılan takvimlerde gecelerin ve gündüzlerin süreleri ve bu arada şeb-i yelda da belirlenir, buna göre ezan saatleri tespit edilir ve bunların hepsi Uluğ Bey ziycinden hesap edilerek bir liste hâlinde saklanırdı. Sultan III. Selim zamanında, Uluğ Bey ziyci yerine Fransız heyet-şinaslarından (astronom) Cassini'nin hazırladığı ziyc kullanılarak takvim düzenlenmeye başlanmıştır.

Muvakkitlere gelince; bunlar tamamen vakit tayini ile uğraşan memurlardır. Resmî daireleri genellikle camilerin sokağa bakan girişleri ile kapılarının kenarlarındaki küçük mekânlardır. Bazı Osmanlı camilerine bitişik olarak inşa edilmiş muvakkithaneler vardır ve bunlar da neredeyse sebiller kadar yaygın bir uğrak yeridir. Muvakkitler usturlab, rubu tahtası, kıble-nüma (kıbleyi gösteren = pusula), saatler (kum saati, güneş saati vb.) hazırlayıp bunların çalışma sistemlerini, ayarlarını, tamirlerini gerçekleştirirlerdi. Bu arada şeb-i yeldayı belirlemek de onların görevi idi. Memlekette ne kadar gemici ve kaptan var ise (dışarıdan İstanbul limanına gelenler dahil) onların saat ve pusulalarına göre kendi zaman aletlerini ayarlar idiler.

Osmanlı'nın son devirlerinde, muvakkithaneler yerine meydanlara saat kuleleri dikilmiş ise de bu kulelerdeki saatler de yine muvakkitlerin ayarına muhtaç kalmışlardır. Bu bakımdan saat kuleleri eski muvakkitlerin önemini kaybettirmemiş, belki de oralarda teorik ve pratik ders gören insanların sayısında bir artışa sebep olmuştur. Bu bakımdan eski muvakkithaneler tam manasıyla birer Saatleri Ayarlama Enstitüsü* olarak vazife yapmışlardır.

---

* Ahmet Hamdi Tanpınar'ın *Saatleri Ayarlama Enstitüsü* adlı romanının kahra-

Şimdi, dönelim beytimize: Şair, benim acılar ve kederler ile geçirdiğim gecelerin her biri bir şeb-i yeldadır ve muvakkitler, yahut müneccimlerin belirledikleri şeb-i yeldalar, onun yanında pek kısa kalırlar, demek istiyor*. Öyle ya, bir gecenin ne kadar uzun olduğu, o gecenin karanlıkta geçen saatlerinin niteliğiyle değil, o gecede yaşanılan dakikaların niceliğiyle ilgilidir.

Bütün bunlardan, şeb-i yelda tamlamasının, âşıklar dilinde bir deyim hâlini aldığını bilmem söylemeye gerek var mı?!..

---

manı muvakkit Hayri İrdal'dır ve roman, muvakkithane ve muvakkitlerin son dönemleri hakkında oldukça zengin sahneler ve epizotlarla doludur.

* Bu konuda Yahya Kemal'in de enfes bir beyti vardır:

Şeb-i yeldâda uzar fecre kadar kıssai aşk
Tâ ki Mecnûn bitirir nutkunu Leylâ söyler

89
TASI TARAĞI TOPLA(T)MAK

Bağdat dilencilerinden, meşhur bir Abbas Oş var imiş. Mevsimine göre ya cerre çıkmak; yahut dilencilik yapmak suretiyle zengin olmuş. Bütün Bağdat'ın tanıdığı bu adamın şöhretinden istifade etmek isteyen bir sefil, Abbas'ı kollamaya başlamış. Nihayet bir ramazan gecesinde hamama girdiğini görüp ardınca içeri dalmış ve kurna başında yanına yaklaşıp şöyle demiş:

— Efendim! Bendeniz dilenciliğe başlamaya karar verdim. Umarım ki bu asil sanatın inceliklerini bu kulunuzdan esirgemezsiniz. Ne guna usul ve kavaidi var ise bilcümle öğrenmek isterim, şu mübarek geceler hürmetine, lütfediniz!..

Abbas, bu girizgâhtan sonra şevke gelip cevap vermiş:

— Peki evlât, öğreteyim. Dilenciliğin başlıca üç kuralı vardır; kulağına küpe olsun. Bir, her nerede olursa olsun istemeli. İki, her kimden olursa olsun istemeli. Ve üç, her ne olursa olsun istemeli.

Yeni yetme dilenci hemen o anda Abbas'ın elini öperek demiş ki:

— Ustam, ben fakirim, Allah rızası için bir şey!..

Abbas şaşırmış.

— Burası hamam bre! Burada dilencilik mi olur?

— Her nerede olursa istemeli dedin ya usta!

— İyi ama ben zaten senin kadar fakir bir dilenciyim.

— Öyle ama, ikinci kural, istemek için adam seçmemek gerektiğini bildirmiyor muydu?

— Fe subhanalllah! Bu kurna başında, ben şimdi sana ne verebilirim be adam? Elbisem dışarda. Paralarım evde. İşte ortada bir tasım bir tarağım var.

— Usta, şimdi senden öğrendiğim kuralların üçüncüsü der ki, her ne olursa olsun istemeli. Ben tasa tarağa da razıyım.

Abbas şaşkın, etraftan onları dinleyenler hayrette, adam tası tarağı almış ve hamamdan çıkıp gitmiş. O günden sonra Abbas dilenciliğe tövbe etmiş ve soranlara da;

— Tası tarağı toplattık! Gayri bizden bu işler geçmiş, diye yakınırmış.

90
TAZIYA MUSKA YAZMAK

Amasya'da vali bulunan şehzade Bayezit, iyi bir avcı idi. Av merakıyla cins tazılar beslerdi. Maiyetindeki sipahilerden biri, bir tazı satın aldı. İstiyordu ki tazısı şehzadenin tazılarını geçsin ve bu sayede göze girsin, kendisi de iyi bir nam edinsin. Birkaç zaman alıştırdı ise de tazı battal çıkmıştı. Talimler ve dayaklar kâr etmedi. Nihayet, bir gün Kızılırmak'tan tuttuğu balıkları bir söğüt dalına dizip yakınlarda oturan Buharalı Mustafa Dede adında bir şeyhin kapısına dayandı. Kapıyı on beş yaşlarında bir delikanlı açmıştı. Bu, şeyhin oğlu Hamdullah idi.

— Babam evde yok, hacetiniz ne idi, dedi. Sipahi boynunu büktü:

— Şu balıkları babana hediye getirmiştim. Tazıma muska yazdıracaktım.

Hamdullah, bakar ki balıklar taze,

— Ağam, der, gam çekme, muskayı ben de yazarım; babamdan ruhsatım var.

Muska yazılır, balıklar alınır. Aradan birkaç gün geçer. Sipahinin tazısı şehzadenin tazılarını geride bırakıp avları yakalamaya başlar. Bayezit'in emri ile tazıyı huzura getirirler, görürler ki boynunda bir muska asılı. Şehzade emreder ve muskayı açıp okurlar:

Tamah ettim semeğe
Muska yazdım köpeğe
Ya geçsin tazıları
Ya dayansın köteğe

Şehzade, muskanın macerasını dinlerken bir yandan da yazının güzelliğine hayran olmuştur. Hamdullah ile tanışmak ister ve dost olurlar. 1481'de Fatih'in, tahtına oturmak üzere İstanbul'a gelirken yanında getirdiği bu genç adam, Türk hat tarihinde bir merhale sayılacak olan Şeyh Hamdullah'tan başkası değildi. Uzun yıllar Bayezit, ondan hat meşk etti ve dostunu ömrü boyunca koruyup kolladı.

16. yüzyıldan bize hatıra kalan tazıya muska yazmak deyimi de, çıkar ilişkileri yüzünden karşısındaki insanın saflığını kullanmaya çalışanlar hakkında kullanılır.

91
TEKEDEN TELEME ÇALMAK

İmkânsızı denemeye veya yapmaya çalışanlar hakkında, veya uygunsuz, dayanaksız ve saçma sapan saldırılar karşısında söylenen bu deyimin kökeni Türkmen aşiretlerinin hayvancılık geleneğine dayanır.

Bilindiği gibi teke, keçinin erkeğine verilen addır ve sütü sağılamaz. Oysa keçi sütünden pek çok gıda maddesi üretilebilir. Bunlardan biri de telemedir.

Teleme, muhallebi kıvamında yumuşak, tuzsuz, yoğurda benzer bir yiyecektir. Besleyici özelliği ve lezzeti damak zevkine hitap eder.

Teleme, yaz mevsiminde keçiden sağılan süt henüz sıcak iken, incir ağacının gövdesinden alınan beyaz süt ile çalınır (mayalandırılır). Ağaçtan ince bir dal kırılarak alınan bu süt, bilhassa incir yapraklarını kopardığımızda akan süt gibidir.

Bir tencere keçi sütü, birkaç damla incir sütü akıtıldıktan sonra yaprağın sapıyla karıştırılıp 20 dakika kadar uyumaya bırakılırsa mayalanan keçi sütü teleme hâline gelir.

Deyim, tekeden süt sağılamaması esasına göre uydurulmuş olup yüksekten atanlar hakkında da kullanılabilir. Çok saçma şeyler anlatan birisi için "tekeden teleme çalıyor" demek gibi.

92
TEMİZE HAVALE ETMEK

Argoda ve külhanbeyi ağzında "öldürmek, kısa yoldan işi bitirmek" anlamına gelen bu deyimin temize havale olundu şekli de kullanılır. Buradaki temiz kelimesi, muhtemelen "temyiz" olmalıdır. Temyiz, bilindiği gibi haklıyı haksızdan ayırmak, doğru ile yanlışı ayırt etmek gibi anlamlara gelir ve hukukta, bir üst mahkeme olarak kurulmuş mahkemelere denir. Temyiz mahkemesi, genellikle hüküm ve hâkim hatalarını giderir ve söz konusu davayı kılı kırk yararak inceler. Böylece temyize havale edilen bir iş de kökünden hâlledilmiş, anlaşmazlık giderilmiş ve haklıya hakkı, haksıza cezası verilmiş olur. Ancak ölüm manasında temize havale etmenin karşılığı, mahkeme-i kübra'da verilecek gerçek karar olmalıdır. Bir insanın temize havale olunması, biraz da onu Hakk'ın adaletine havale etmek demektir.

93
TOPRAĞI BOL OLMAK

İlk Çağ inançlarına göre, insanlar öldükleri vakit birtakım eşyalarıyla birlikte gömülürlerdi. Tanrılarına sunmak ve öte dünyada kullanmak üzere mezarlara birlikte götürdükleri bu eşyalar genellikle kıymetli maden ve taşlardan mamul kap kacak ile takılardan oluşurdu. Türk beyleri de İslâmiyetten önceki zamanlarda korugan dedikleri mezarlarına altın, gümüş ve mücevherleriyle birlikte gömülürler, sonra da üzerine toprak yığdırtarak höyük yapılmasını vasiyet ederlerdi. Eski medeniyetlerin beşiği olan Ortadoğu ve Anadolu'da, pek çok ünlü hükümdarlara ait bu tür mezar ve höyükler hâlâ bulunmaktadır.

Altın ve hazine her zaman insanoğlunun ihtiraslarını kamçılamış, nerede ve ne kadar kutsal olursa olsun elde edilmek için insanı kanunsuz yollara sevk etmiştir. Höyüklerdeki hazineler de zamanla yağmalanmaya başlanınca ölenin ruhunun muazzep edildiği düşüncesiyle üzerine toprak yığılır ve gittikçe daha büyük höyükler yapılır olmuş. O kadar ki ölenin yakınları ve cenaze merasimine katılanların birer küfe toprak getirip mezarın üstüne atmaları, gelenek hâlini almış. Öyle ya, mezarın üzerinde toprak ne kadar bol olursa, düşmanlar ve art niyetliler tarafından açılması ve hazinenin yağmalanması, o kadar engellenmiş olurdu. Bu durumda toprağı bol olan kişi de öte dünyada rahat edecek, en azından kullanmaya eşyası ve tanrılarına sunmaya hediyesi bulunacaktır. Bugün dilimizde yaşayan "toprağı bol olmak" deyimi, aslında ölen kişi hakkında bir iyi dilek ifade eder. Türkler'in İslâm dairesine girdikten sonra yavaş yavaş terk ettikleri höyük geleneği, "toprağı bol olmak" deyiminin de gayrimüslimler hakkında kullanılmasına yol açmıştır. Yakın zamanlara kadar Müslüman ölüler için "Allah rahmet etsin!", diğerleri için de "Toprağı bol olsun!" denilirdi.

94
TURNAYI GÖZÜNDEN VURMAK

Herhangi bir hususta uzun süre suskun ve hareketsiz kalındıktan sonra gerek tesadüfen, gerekse bilinçli olarak büyük bir başarı elde edildiğinde "Durdu durdu da turnayı gözünden vurdu" deriz. Tecrübeyle değil de zamanın akışıyla ölçülen hemen bütün başarılar, bu deyimin değişik zaman kiplerindeki bir versiyonu ile izaha çalışılır. Deyimin ortaya çıkışı, bir avcı mübalâğasına dayanmaktadır.

Avcılığın yaygın olduğu yörelerde genellikle avcılar kulübü gibi işleyen bir mekân bulunur ve bütün avcılar buraya gelip bol palavralı hikâyeler anlatırlar. Attıkları da konuştukları da saçma olan bu tip avcıların yalanlarına ve mübalâğalarına diyecek yoktur. Pek çoğu hayal ürünü olan bu hikâyelerden birisi şöyledir:

Avcılar meclisinin en yaşlı ve güngörmüş üyesi olan Şikârizade Sayyat Ağa, bu mecliste anlatılanların hepsini huşu ile dinler, hepsine aferinler okur; ama kendisi hiçbir gün, bir hikâyesini anlatmazmış. Bu hâl diğer avcıların dikkatini çekince, aralarında karar alıp demişler ki:

— Sanatına aşk olsun ey büyük avcı! Bunca yıllık ömrün ve bir nice eyyam av peşinde seyeran ü deveran etmişliğin var muhakkak. Lütfeyleyip, bir hatıra da sen anlatsan da dinleyip istifade etsek... Hep bizler konuşuyoruz ve hep senin sustuğunu görüyoruz.

Şikarizade bir müddet nazlanmış, "Olmaz, bunu benden istemeyin lütfen!" gibi mazeretler ile geçiştirmeye çalışmış. Nihayet ısrar ve merak iyice artınca şöyle derinden derine bir iç geçirip:

— Aaaah!.. demiş. Ne olursunuz beni konuşturup meclisinizi yasa boğmayın ve beni gençliğimin en hazin hatırası ile yeniden yüzleştirerek derdimi tazelemeyin. Zaten ne vakit bu yürek parçalayan hatıra aklıma gelse, ciğerimdeki ateş çevremdekileri de yakıyor da o gençlik eyyamının utancı beni boğuyor...

Şikarizade Sayyat Ağa'nın bu sözleri, meclise bir alev topu gibi düşmüş. Herkes merak ve heyecan içerisinde, "Demek ki ortada çok duygusal ve acıklı bir av hikâyesi var." diye geçirmişler içlerinden ve tabiî anlattırmak için ısrarları artırıp bin bir dereden su getirmişler, teselli sözleri söylemişler. Avcılar meclisinde herkes tek kulak olup Sayyat Ağa'nın ağzına dayanmış. Çıt yok.

Bizimki önce bir yutkunmuş, eski meddahlar gibi oturuşuna yeni bir çeki düzen katarak başlamış anlatmaya:

— Efendim, avcılığa başladığımın ilk günlerindeydi. Toy bir delikanlı sayılırdım. Bir gün tüfeğimi omzuma, tazımı gölgeme alıp şöyle tek başıma bir sayd ü şikâr edeyim dedim. Bir sigara çekimlik mesafe gittikten sonra gökte bir turna gördüm.

Baktım yolu doğrultmuş, aheste aheste süzülüyor. İçimden "Şunu, dedim, zararsız bir yerinden, ayağından vurayım." Ben bunları düşünürken turna biraz uzaklaşır gibi oldu. Tam sağ ayağına nişan alıp çektim tetiği. İşte, ne olduysa o anda oldu. Zavallı turna, gagasıyla ayağını kaşımaya yeltenmez mi?!.. Ciğerim yandı gitti; ama elden ne gelir!?.. Kuşcağız şöyle iki yüzüç yüz metre kadar bir mesafeye düştü. Tazım aldı getirdi. Baktım, tam da düşündüğüm gibi zararsız bir atış idi. Saçmalarımdan yalnızca biri, ayağına isabet edecek yerde, başı siper olduğu için sağ gözünden girip sol gözünden çıkmış? Kuşcağızın başka hiçbir şeyi yok. İlla iki gözü iki çeşme kanıyor. Ben hayatımın en büyük pişmanlığı ile ne yapacağımı şaşırdım. Tabiî biraz toyluk da var. Kan tutmuş gibi donakalmışım. Kuş çırpınıyor, benim içim sızlıyor. Böyle ne kadar zaman geçti bilmiyorum; asıl hazin sahne o zaman yaşandı...

Sayyat Ağa sözünün burasında, bir ara verip önce iki kez bağrını yumruklar ve ağlamaklı bir eda ile iç geçirerek bir bardak su içer; sonra da acıyla yutkunup anlatmaya devam eder:

— Nasıl geldiler, nereden geldiler, ne kadar zamanda geldiler, bilemiyorum, baktım çırpınan kör turnanın üstünde bir bölük turna toplanmış dönüp durmakta. Bana doğru öyle bir ötüyor ve öyle kanat çırpıyorlar ki hayatımda öyle bir dehşeti başka bir gün yaşamadım. Af dilesem, hangisinden dileyeceğim. Konuşsam ne diyeceğim!.. Tam bir şaşkınlık hâli, sizin anlayacağınız. Birden, onların kendi dilleriyle ötüşüp anlaştıklarını gördüm. Hayret ki hayret! Kör turnaya bir şeyler anlatıyorlardı. Sonra onu aralarına aldılar ve yıldırım gibi havalandılar.

Dinleyenlerin şaşkın ve hayret dolu bakışları arasında Sayyat Ağa sözlerini bitirdi:

— İşte yarenler!.. Turnalar, katar hâlinde uçmaya o günden sonra başladılar. Aralarına aldıkları kör turnaya ses vererek uçuş istikametine yöneltmeyi o gün keşfettiler. Şimdi turnalar sırf o uğursuz günü bana hatırlatmak ve benden intikam almak için katar hâlinde uçmayı huy edindiler. Hatta bu haber dünyadaki bütün turnalar arasında yayıldı ve onlar benim yüzümden katar teşkil eder oldular. Böylece bir yerlerde anadan doğma bir kör turna var ise seslerine gelip yolunu bulabilsin. Geçenlerde o kör turna ki epey yaşlanmış, rüyama girdi ve dedi ki:

— Ey bütün zamanların en büyük üstadı! Biz, senden sonra bu cihanda böyle nazik, düşünceli ve hassas bir üstat avcı görmedik. İki gözüm senin sanatına feda olsun!

Şikârizade Sayyat Ağa'yı dinleyenlerden biri hayretinden patlar ve:

— Ehh!.. Üstat, der, durdun durdun; ama sonunda turnayı da gözünden vurdun. Pes doğrusu!..

95
VERMEYİNCE MABUT

Rivayet olunur ki, Sultan II. Mahmut, tebdil gezdiği bir ramazan gününde, Üsküdar'da mücerret bir kunduracının, boş örse çekiç vurarak her hamlede "Tıkandı da tıkandı" dediğine şahit olmuş. Merak saikiyle içeri girip bunun sebebini sormuş. Adamcık anlatmış:

— Bir gece rüyamda gördüm. Çeşmeler vardı. Bazılarından şarıl şarıl sular akıyor, bazılarından sızıyor, bir tanesi de şıp şıp damlıyordu. O sırada bir pir-i nuranî belirdi. Ona bu çeşmeleri sordum. "Şu şarıl şarıl akanlar, padişahımızın talihidir. Sızanlar devlet erkânından filânca paşaların ve falanca zenginlerin talihleridir. Şu damlayan da senin talihindir." deyip kayboldu. Yerden bir çöp aldım ve benim talihim olan çeşmeye yaklaştım. Çöple biraz kurcalayıp lüleyi açmaya çalıştım. Ah, ellerim kırılsaydı! Filvaki çöp kırıldı ve artık o eski damlalar da damlamaz oldu. O günden sonra müşterim kesildi, kazancım bitti. İflâs ettim, bu hâle geldim. Şimdi de talihimden şikâyet ile "tıkandı da tıkandı" zikriyle boş örsü dövüyorum.

Padişah kendini aşikâr etmez ve saraya dönünce adamın söylediklerini tahkike memur gönderir. Meğer, adamcağız herkes tarafından "Tıkandı Baba" diye tanınmakta ve nasipsizliğiyle bilinmekteymiş. O kadar ki, çeşmeden su doldurmaya gitse çeşmeyi bir kurbağa tıkar; bir mal almak için pazara uğrasa, ona sıra gelmeden mal bitermiş.

Sultan, mübarek ramazan ayında garibi sevindirmek ister ve bir tepsi baklava yapılmasını, her dilimin altına da bir sarı altın konulmasını emreder. Sonra, tepsiyi bir zengin konağından iftarlık geliyormuş gibi gönderir.

Nasipsizlik bu ya; Tıkandı Baba, bir tepsi baklavayı bir iftarda yiyip bitirmek yerine satıp parasıyla birkaç gün iftar etmeyi düşünerek tepsiyi pazara çıkarmış.

Padişah durumu öğrenip üzülmüşse de niyetine sadakat ile aynı minval üzere ertesi gün nar gibi kızarmış bir hindi dolması yaptırıp yine içini altın ile doldurarak Tıkandı Baba'ya yollar. Baba'dan baklava tepsisini satın alarak parsayı toplayan uyanık müşteri, bu sefer yine kapıya dayanıp Baba'nın aklını çelmenin yollarını aramaktadır. Der ki: -Bre Tıkandı Baba ya! Sen bir garip âdemsin. Tek başına bu hindiyi nice yiyeceksin. Gel sen de bu hindiyi bana sat.

Pazarlık tamam olup hindi de kanatlanınca, padişah bu derece saf-derunluğa, aşırı derecede öfkelenip derhâl Tıkandı'yı saraya çağırtır. Çavuşlar eşliğinde iftar vaktine yakın, karga tulumba sarayın yolunu tutan Tıkandı Baba, telâşlanır. "Bir suç işlemiş olmalıyım, ama ne ola ki!" diye kara düşünceler içinde huzura alındığında, neredeyse bayılmak üzeredir. Bu hâle padişahın yüreği dayanmaz ve öfkesi merhamete döner. Sultan, olup bitenleri anlattığı zaman, Tıkandı Baba hayretler içinde hünkârın ayaklarına kapanıp, dualar, şükürler okumaya başlar.

Padişah, ona son bir hak daha tanımayı isteyip doğruca hazine-i hassa odasındaki altın ve mücevher dolu sandıklardan birinin huzura getirilmesini buyurur. Sandık gelir. Sultan Mahmut, selâmlık dairesinin çini sobasının altını yoklayıp küreği eline alır ve:

— Tut şu küreği! Sandığa daldır. Ne kadar alırsa hepsini sana bağışladım, der.

Tıkandı Baba, makûs talihinin böyle bağteten muradına muvafık harekâtından fazlasıyla heyecanlanır. Sevinçten titreye titreye küreği sandığa daldırır. Bir müddet iteleyip çalkalar ve itina ile kaldırırsa da kürek ters dalmıştır ve ancak sap kısmında bir tek kızıl altınla çıkar. Baba, düşüp bayılır. Şair ruhu taşıyan hisli padişah ise secili bir üslûpla o tarihe geçen sözünü söyler:

— Vermeyince Mabut, ne yapsın Mahmut!?..

96
YE MEHMET YE!

Vaktiyle mirasyedinin biri sandalını tamir ettirmiş, ziftletmiş. İş bitince, vekilharcı eline on yedi liralık bir masraf pusulası tutuşturmuş. Yalı komşularından hesabını bilen bir arkadaşı ile sohbet esnasında söz sandaldan açılınca, arkadaşı hayretler içinde, aynı tamiratı daha birkaç gün evvel beş altı mecidiyeye yaptırdığını söylemez mi!.. Bizimkinde şafak atmış ve derhâl eve dönerek vekilharca çıkışıp epey azarlamış. Vekilharç, sonunda dayanamayıp kendisini şu itirafla müdafaa etmiş:

— A efendi! Komşu bey yalnızca sandalı ziftletti. Hâlbuki bizim sandalın tamirinde ben ziftlendim, hamlacı ziftlendi, uşak ziftlendi, aşçıbaşı ziftlendi..."

Şimdi bu hikâyenin uzun uzun yorumunu yapıp, devlet sandalından ziftlenenlerden bahsetmek yerine, başka bir hikâye daha anlatalım ve aradaki anlayış farkının nelere mal olduğu yorumunu size bırakalım:

Sultan Abdülmecit tebdil-i kıyafet gezdiği bir gün, Bayezit'ten Fatih'e doğru yürümekteymiş. Vezneciler'deki tütüncü dükkânlarından birine girip dükkân sahibi ile konuşmaya başlamış. O sırada, dükkâna Nafiz Paşa uğrayıp açıkta satılan tütünlerden az bir miktar almış. Dükkâncı tütünü sararken kendince iç geçirip gülümsemiş ve bilâhare padişah ile aralarında şu konuşma geçmiş:

— Efendi, az evvel tütün alan kim idi?

— Beyim, o zat esbak maliye nazırı Nafiz Paşa'dır.

— Peki neden gülümsedin?

— Başkaları at ve araba ile gezerken bu namuslu adam, her zaman dükkânıma yaya gelir. Devlete ait hiçbir şeyi şahsî işlerinde kullandığı görülmemiştir. Hz. Ömer yaratılışlı, bir asilzadedir. Keşke bütün devletlûlar bunun gibi olsa diye aklıma geldi de ona gülümsedim.

Bu mülâkattan sonra hünkâr, saraya varır varmaz Nafiz Paşa'nın maliye nazırlığına tayinini iade eder. Şu kıt'a, zamanın şairlerinden biri tarafından, bu hadise üzerine söylenmiş ve uzun yıllar tekrarlanıp durmuştur:

Sıdk ile devlete hüsn-i hizmet
Olmuyor ind-i İlâhî'de hebâ
Buna bürhân-ı kavî ister isen
İşte Mâliyye'de Nâfiz Paşa

Şöyle demek olur:

Devlete iyi hizmette bulunmak, Allah katında asla boşa gitmiş olmaz. Bu sözüme kuvvetli bir delil isterseniz, işte Maliye Nazırı Nafiz Paşa!

97
YOK DEVENİN BAŞI

Olmayacak şeyler hakkında, inanılmayacak sözler karşısında yahut abartılmış yalanlar hakkında bir alay ifadesi olarak "Yok devenin başı!.." deriz. Hikâye güya, Hoca Nasrettin'in çocukluğunda geçmiş:

Nasrettin'in dul annesi ince eğirip sıkı sardığı ipleri oğluna verir, götürüp pazarda uygun fiyata satarak, geçimlerini temin etmesini istermiş. Nasrettin yumakları pazara götürür, saatlerce elinde gezdirir, hatta bazı zamanlar satamadan geri getirirmiş. Nasrettin'in saflığından istifade etmek isteyen bazı uyanıklar, aralarında anlaşıp yok "ipin kötü eğrilmiş", yok "gevşek sarılmış" vs. diyerek, sözlerini yandaşlarına tasdik ettirip malı ucuza kapatmaya dadanmışlar. Nasrettin eve gelip de annesinden azar işitmeye başlayınca, aldatıldığının farkına varır, ancak iş işten geçmiş olurmuş. Bir, iki derken Nasrettin bu işe içerlemiş ve pazar çetesine bir oyun oynamayı plânlamaya başlamış.

Bir kurban bayramı ertesi olsa gerek, Nasrettin, bir deve kellesi ele geçirip annesinin iplerini ona sarmış. Tabiî yumak hem büyük, hem de ağır olmuş. Pazara vardığında ber-mutat aynı madrabaz müşteriler, etrafını çevirmişler. Ancak ne var ki yumak pek öyle ucuza kapatılacak gibi değil. Evirip çevirdikten sonra fiyatını sormuşlar. Nasrettin, o güne dek kendi hakkından ne kadar çaldılarsa hepsini toplayıp uygun fiyatı söylemiş. O sırada içlerinden biri güya fiyatı kırmak için alaylı alaylı söylenmiş:

— Nasrettin! Yumak oldukça büyük, pek de ağır. İçinde taş olmasın?!..

Soruyu,

— Yok devenin başı, diye cevaplar Nasrettin, alaylı alaylı!

Pazarlık biter ve Nasrettin parasını alıp güle oynaya evin yolunu tutar. Ertesi gün yumağın içinden gerçekten deve başı çıktığını gören uyanıklar (!) Nasrettin'i tutup doğru, kadının huzuruna götürürler. Kadı sorar:

— Yumağın hileli imiş. Niye hileli mal sattın?

Nasrettin itiraz eder:

— Zinhar kadı efendi! Bunlar bana sordular "İçinde taş mı var?" diye. Ben de "Yok devenin başı!" dedim. Buna rağmen, onlar yine de satın aldılar. Bunda benim ne kabahatim ve hilem olabilir?

O gün, küçük Nasrettin mahkemeyi; Türk dili de bu deyimi kazanmış.

98
YOLUNACAK KAZ

Osmanlı hükümdarları içinde tebdil-i kıyafet eyleyip halkın arasına çıkanlar II. Osman, IV. Murat, III. Osman, III. Selim ve II. Mahmut ile sınırlıdır. Bunlardan sonuncusu, bir yaz gününde yanına iki mabeyincisini alarak yollara dökülür. Sirkeci'ye gelip bir sandala binerek Beylerbeyi'ne geçeceklerdir. Şanslarına, ihtiyar bir kayıkçı düşer. Amma ne kayıkçı! Yılların tecrübesi ile artık neredeyse İstanbul Boğazı'nda görünen yolcuları hâllerine, tavırlarına ve kılık kıyafetlerine bakarak köylerini söyleyecek kadar tanımaktadır. Bittabiî bu seferki yolcularının da kimliklerini hemen anlar. Ancak asla ses çıkarmaz ve işini yapar.

Beşiktaş önlerine gelindiğinde padişah kayıkçıya,

— Baba, der. 32 ile nasılsın?

İhtiyar hiç tereddüt etmeden cevaplar:

— 32'yi 30'a vuruyorum, 15 çıkıyor.

Biraz sükûttan sonra padişah, yeniden kayıkçıya lâf atar:

— İşitiliyor ki son zamanlarda şehirde hırsızlar ziyadeleşmiş; senin evine de giren oldu mu?

— Bundan iki ay evvel biri girdi. Son günlerde birisi daha dadandı ya! Bakalım ne olacak?!

Padişah sükût eder. Kayıkçı da işine devamdadır. Ancak mabeyinciler konuşulanlardan bir mana çıkarmak için kıvranıp durmaktadırlar. Bu durum, padişahın gözünden kaçmaz ve kayık, Beylerbeyi iskelesine yanaşmak üzereyken kayıkçıya sorar:

— Babalık, sana iki besili kaz göndersem, yolabilir misin?

— Hay hay efendi, ruhları duymaz, cascavlak ederim.

Padişah sandala bir kese akçe atar ve karaya çıkarlar. Gel gelelim mabeyinciler meraktadır. Nihayet ertesi gün, hünkâr ile kayıkçı arasında geçen konuşmayı anlamak üzere doğruca Sirkeci sahiline. Öyle ya; bir vesile ile padişah hazretleri bu konuyu açar da sözlerin manasını kendilerine soruverirse!..

İhtiyarı, kayıkçılar kahvesinde çubuk çekerken bulurlar. Bir kenara çağırıp hususî görüşmek istediklerini söylerler. Dışarı çıkıp kayıkla biraz uzaklaşırlar. Adamlar hemen sadede gelerek:

— Baba dün Beylerbeyi'ne üç yolcu götürdün.

— Beli.

— Onlardan ikisi biz idik; seninle konuşan da hünkârımız hazretleriydi.

— Bir hatamız mı oldu ağalar?

— Hayır da biz konuştuklarınızı merak etmekteyiz.

— Canım; mahrem şeyleri mi söyleteceksiniz bana?

— Haşa! Ancak...

İhtiyar nazlanırken ağalardan biri bir kese altın çıkarıp avucuna sıkıştırır. O zaman ihtiyar, kayığın yönünü Sirkeci'ye doğru çevirip anlatmaya başlar:

— Sultanımız buyurdular ki, 32 ile nicesin? Yani geçimin nasıldır, demek istedi. Ben de ağzımda 32 dişim var; onu bir aya göre ayarlıyorum. Ay 30 gün, ben ise 15 gün ancak iş bulabiliyorum, dedim.

— Eee?

İhtiyar yine nazlanır. Bu sefer diğer mabeyinci keseye kıyar. İhtiyar devam eder:

— Sultanımız son aylarda hırsızlar çoğaldı, sana da gelen oldu mu, dedi. Yani "kaşık hırsızlarını" kastederek 'Son günlerde evlenmeler arttı. Senin çocuklarından da evlenen oldu mu?' demek istedi. Ben de "Evet evime bir hırsız girdi, yani oğlumun biri evlendi; diğeri için de hazırlıklar var, bakalım, Allah Kerîm dedim. Hünkârın hırsızdan kastı, kaşık hırsızı, yani gelin idi.

Mabeyinciler "Meğer ne kadar basitmiş!" manasında birbirlerine bakarken kayıkçı sandalı iskeleye yanaştırır.

— Ya üçüncü sual ne idi?

İhtiyar yavaşça sandaldan çıkıp misafirlerini etekleyerek şu cevabı verir:

— Aman efendim kerem buyurunuz. Padişah efendimiz buyurdular ki iki besili kaz... Allah ömrünüzü artırsın, işte sizleri gönderdi.

O günden sonra bu hadise, halk arasında şüyu bulur ve kolay para kaptıranlar için "yolunacak kaz" deyimi dilimize yerleşir.

98
ZERDEYLE ZIRVA

Ünlü tarih ustası Sürurî'nin bir beyti vardır. Der ki:

Fodulsun ey kemerbaşı fodalayı beğenmezsin
İmârette pişen zerdeyle zırvayı beğenmezsin

Şair, fodul kelimesini "faziletli" veye tam zıddı olan "hiçbir şeye yaramaz" anlamlarıyla; fodalayı ise "fazilet sahipleri" ve "fodla" manalarıyla tevriyeli (her iki anlamı da beyte uygun) kullanıyor.

İkinci dizedeki zerde, malûm tatlının adıdır. Zırva ise yine zerdeye benzeyen bir tür tatlıdır. İmaretlerde pişirilen zırvalar önceleri incir, üzüm, hurma, şeker ve pirinçten yapılırmış. Sonra sonra sadece pirinç kullanılarak lapamsı bir tür pilâva dönüşmüş ve üzerine şeker ekilerek yenilir olmuş.

Zırva kelimesinin mecazen "abes ve manasız söz" der olduğuna bakılırsa zırvanın da uydurma bir tatlı olduğu t min edilebilir.*

* Ayrıca bkz. *Hem Kel, Hem Fodul.*